dtv

Freundschaften sind ein wesentlicher Bestandteil des Lebens. Sie geben Halt, bestärken uns und tragen zu unserem Glück bei. Was aber macht eine echte, unverbrüchliche Freundschaft eigentlich aus, was unterscheidet sie von der Liebesbeziehung? Wen nennen wir unseren Freund, was erwarten wir von ihm und wozu sind wir selbst bereit? Wie viele Freunde brauchen wir? Hundert bei Facebook, einen verlässlichen, überschaubaren Freundeskreis oder einen oder zwei »beste Freunde«?
Über diese und viele andere Aspekte haben Philosophen, Weise und Dichter seit jeher nachgedacht, diskutiert und geschrieben. In dieser Auswahl kommen unterschiedliche Ideen, Vorstellungen und Phantasien in anregenden Texten zu Wort. Bei aller Vielfalt besteht an einem kein Zweifel: Ohne Freunde – und seien sie auch anstrengend – würde uns etwas ganz Wesentliches fehlen.

Brigitte Hellmann hat diverse ›Lesebücher für Nachdenkliche‹ zur Philosophie und Geschichte herausgegeben, *Rosemarie Mailänder* zwei Anthologien zum Thema Liebe.

Freundschaften

Ein Lesebuch für Nachdenkliche

Herausgegeben von
Brigitte Hellmann und Rosemarie Mailänder

dtv

MIX
Papier aus verantwortungsvollen Quellen
FSC® C019821

Originalausgabe 2015

Umschlagkonzept: Balk & Brumshagen
Umschlaggestaltung: Katharina Netolitzky
Satz: Bernd Schumacher
Gesetzt aus der Bulmer
Druck und Bindung: Druckerei C.H.Beck, Nördlingen
Gedruckt auf säurefreiem, chlorfrei gebleichtem Papier
Printed in Germany · ISBN 978-3-423-34866-9

Inhalt

Was ist Freundschaft? 7

Freundschaft schließen 51

Wer ist ein Freund? 65

Freundschaft und Liebe, passt das zusammen? 77

Vom Umgang mit Freunden 91

Etwas andere Freundschaften 127

Ohne Freunde ist alles nichts, oder? 143

Quellennachweis 156

Dank

*Ohne freundschaftliche Unterstützung wäre
dieses Buch nicht das geworden, was es ist.
Ein herzlicher Dank geht an Andrea Wörle,
den findigen Hersteller Bernd Schumacher und
insbesondere an Helga Jesberger für tatkräftige Hilfe.*

Was ist Freundschaft?

»Die Freundschaft lebt vom ungehinderten Gedankenaustausch.«

Michel de Montaigne

Iso Camartin

Ein Freund ist ein Freund ist ein Freund …

Ich beginne, über das Wort »Freund« nachzudenken.

Ein guter Freund, ein enger Freund, der beste Freund. Ein Jugendfreund, ein Freund fürs Leben, ein Freund für alle Fälle. In der Umgangssprache treiben sich unverschämt viele Freunde herum.

Wir sind immer gute Freunde geblieben. In meiner Muttersprache sagt man: Besser ein einziger Freund als zehn Verwandte. In der Not lernst du die Freunde kennen. Nimm dich in Acht vor dem Freund, denn vor dem Feind kannst du dich zur Wehr setzen. Je größer der Schinken, desto zahlreicher die Freunde. Redensarten ohne Ende, in denen der Freund erscheint.

Dass im Alter Freunde selten werden, weiß man auf der ganzen Welt. Wer die Zähne verliert, verliert die Freunde! Wer was zu bieten hat, braucht um Freunde nicht zu bangen. Ist das Weinfass angezapft, sind sie zuhauf da, geht der Wein aus, siehst du keinen mehr. Wer mit jedem Freund ist, kann kein richtiger Freund sein.

So sagt man und hält es für Lebenserfahrung.

Wo um Zustimmung oder um Nachsicht, um Beteiligung oder um Nähe, um Schutz oder um Vertrauen gebuhlt wird, nennt man den andern Freund. Und sei es nur, um in einem bestimmten Augenblick von der anderen Seite nichts Schlimmes gewärtigen zu müssen. Hinter dem Freund verbergen sich Zuneigung ebenso wie Kalkül. Doch was für himmelweite Unterschiede: Ein lieber Freund und ein sauberer Freund! Das Wort bleibt, der Sinn verkehrt sich.

Das Wörterbuch sagt, dem Wort liege ein gotisches »frijon« zugrunde, das »lieben« bedeute. Ursprünglich soll man es nur für Heirats- und Blutsverwandte gebraucht haben. Freunde waren die, die man zur Familiensippe rechnete. Die Verschiebung des Wortes von der Verwandtschaft auf die frei gewählte Beziehung ist vermutlich einer der Riesenschritte in der Entwicklungsgeschichte der Menschheit.

Die Griechen sagten »philos«. Doch schon bei Homer ist das Wort vieldeutig: »phila goúnata« meint nicht: »freundliche Knie«, sondern »seine Knie«, die des andern. Ein besitzanzeigendes Fürwort also. Das »Philos-Bett« ist aber dennoch nicht »sein« Bett, sondern das Ehebett, in welchem die zueinander Gehörigen liegen. Das griechische »philein« meint ursprünglich auch noch küssen. Der Kuss als Zeichen des Wohlwollens, der gesuchten Nähe, der Verbundenheit. Was man einem Menschen gegenüber empfindet, dem man gutgesinnt ist und dem man ebenbürtig sein möchte, das ist »philia«.

»Philos«: ein weites Feld also. Gastfreundschaft, Verwandtschaft, häusliche Nähe, Nachbarschaft, vertrauter Umgang, Kuss, bis zum Bettgenossen, bis zum Ehe-Besitz. Vom Blutsverwandten zum Seelenfreund: ein weit sich schlängelnder Weg. Verwirrend und überraschend.

Da mussten irgendwann jene kommen, die Klarheit und Eindeutigkeit verlangten, wenn sie das Wort Freund in den Mund nahmen. Der strenge Königsberger zum Beispiel, der unter Freundschaft »die Vereinigung zweier Personen durch gleiche wechselseitige Liebe und Achtung« verstanden wissen wollte, aber auch eine »nicht auf wechselseitigen Vorteil abgezweckte Verbindung«. Beim gegenseitigen Vorteil wäre ihm zu viel Ehemäßiges dabei gewesen. Die Definitionen Kants sind sehr erhellend, und doch schweben so viele ganz andere Töne noch im Klangraum der Freundschaft mit. Schwingungen des Gefühls und des Verlangens. Von der leichtfertigen und rauschköpfigen Geselligkeit bis zur lebensbestimmenden Herzensangelegenheit. Freundschaft in tausenderlei Gestalt. Manchmal laut bekundet und in die Welt hinausgerufen, oft tief und von anderen unbemerkt im Innern verwahrt. Mein Freund! Meine Freundin! Nur die, die es beschwörend gebrauchen, ermessen in etwa, was es jeweils bedeutet.

Einiges scheint klar. Im Gegensatz zu familiären oder kollegialen Bindungen beruht Freundschaft auf Freiwilligkeit. Bei einer Liebesbeziehung ist der Gesichtspunkt der Freiwilligkeit schon sehr umstritten. Da ist oft Zwang dabei, schicksalhaftes Nicht-anders-Können, verhängnisvolles Müssen. Bei der Wahl des Liebespartners schalten und walten unerkannte Mächte. Den Freund jedoch glaubt jeder frei zu wählen, auch wenn meistens der Zufall vor dem eigenen Willen Regie führt. Seine Familie kann man sich nicht aussuchen. Man hat sie zu nehmen, wie sie ist. Denn wer keine hat, ist noch härter gestraft. Auch bei Berufskollegen kommt nicht Freiwilligkeit zum Zug. Da treibt sogar der Teufel sein böses Spiel mit uns und bringt Menschen zusammen, die im Lauf ihres Lebens eine tiefe Abneigung gegeneinander entwickeln. Nur beim Freund sind wir frei in unserer Wahl. Oder besser: Er macht uns frei von jenen Zwängen und Pflichten, die der Umgang mit Menschen sonst mit sich bringt.

Dazu kommt: Freundschaftliche Beziehungen zeichnen sich neben der Freiwilligkeit auch noch durch Nähe aus. Ein Freundeskreis kann zwar eine sehr lockere Angelegenheit sein. Eine Seelenfreundschaft aber verlangt schon tiefe Vertrautheit. Vor allem dürfen keine berechnenden Nebenabsichten beigemischt sein. Handfeste Interessen zersetzen eine Freundschaft im Nu, lassen sie als Kalkül und Täuschung bald einmal auffliegen. Kennt Freundschaft keine Nebenzwecke?

Ihr Ziel ist es, Unterschiede zu übergreifen, nicht diese zu markieren. So hebt sie die Barrieren des Alters auf, jene der gesellschaftlichen Klassen, oft sogar die des Geschlechts. Sie verlagert auf seltsame Weise die Triebkräfte zwischen den Geschlechtern, verkürzt den Abstand zwischen den Generationen, fegt die sozialen Unterschiede hinweg.

Somit wäre Freundschaft eine geradezu übermächtige Kraft. Sie vermag festgeglaubte Schranken niederzureißen, Entfernungen zu überwinden, Differenzen aus der Welt zu schaffen. So unheimlich ist Freundschaft, dass wer keine Freunde hat, sich bestraft fühlt und sich vor der Welt schämt. Es hatte schon Sinn zu behaupten, wer keine Freunde habe, sei gefährlich. Ohne Freunde ist man ein sozialer Krüppel, ein gestörter Mensch, vor allem ein armer Hund. Im Mittelalter glaubte man, wer freundlos sich der Einsamkeit überlasse, begebe sich in Lebensgefahr, ja er reiche dem Teufel den kleinen Finger. Um einen solchen Menschen musste man bangen.

Man wusste aber auch, dass Freundschaft nicht erzwingbar ist. Sie fällt schlicht vom Himmel, als unerwartetes Geschenk. Doch ist das Geschenk da, muss man schnell tätig werden. Spontan sich ergebende Freundschaft wird erst durch gegenseitige Aktivität real. In regelmäßigen Abständen hat man – so glaubte man schon früh – vor allem miteinander zu essen und zu trinken. Das ist der wahre Kitt für neu entstehende Beziehungen. Das italienische Wort »compagno« sagt es: der Mit-Brot-Esser. Wer mein Kumpan, mein Kumpel, mein Kompagnon oder Copain werden soll, mit dem muss ich mein Brot teilen und oft mit ihm zu Tisch sitzen. Vor allem Zeit muss ich für ihn haben. Verfügbare Zeit ist der Grundstoff, aus dem Freundschaften gemacht sind. Nie ein Bedauern über Zeitverlust. Nie das Gefühl, durch Verweilen beim Freund etwas anderes verpasst zu haben. Nie den anderen als Last oder gar Belästigung empfinden.

Freundschaften gedeihen dort, wo man einen Menschen findet, in dessen Nähe man sein kann, wie man sein möchte. Ein Freund ist jenen Eigenschaften gegenüber, welche die Besonderheit eines Individuums ausmachen, das toleranteste aller Menschenwesen. Weit mehr als ein Liebhaber, der immer auf Steigerungen aus ist und auf das ihn Anstachelnde schielt. Der Freund ist die Stütze der eigenen Sonderlichkeiten, gerade wenn diese kauzig und skurril sind. Er mäkelt nicht am Wesen des anderen, korrigiert nicht unnötig die schlechten Gewohnheiten, bessert nicht penetrant an offensichtlichen Fehlern herum. Wenn er etwas missbilligt, tut er es klug. Er bestraft den anderen nicht für Unarten, übersieht sie nötigenfalls. Zuneigung macht ihn nicht blind, doch die Fehler des anderen sind ihm kein Anlass zu Rechthaberei und Strafaktionen. Er lässt mich, wie ich bin, freut sich, dass ich nicht anders bin. »Weil er er war, weil ich ich war«, lautet die berühmte Begründungs- und Rechtfertigungsformel Montaignes für die perfekte Freundschaft. Ich will dich nicht anders haben, als du bist. Du willst mich nicht anders haben, als ich bin.

So oder so ähnlich muss Freundschaft sein. Es ist ein großes Thema, vom Umfang vergleichbar mit der Frage, was das Wesen der Liebe sei. Es ist weder hinreichend noch abschließend zu behandeln. Nur eine sehr persönliche und ganz und gar auf Vorlieben beruhende Art, das Thema der Freundschaft anzupacken, scheint mir möglich.

Aristoteles

Freundschaft

Die *Freundschaft* ist eine Tugend oder mit der Tugend verbunden.

Die Freundschaft ist fürs Leben das Notwendigste. Ohne Freundschaft möchte niemand leben, hätte er auch alle anderen Güter. Der Reiche, der Herrscher und der Mächtige scheint der Freunde ganz besonders zu bedürfen. Denn was nützte ihm die Gunst des Schicksals, wenn ihm die Möglichkeit entzogen würde, jenes Wohltun zu üben, das man am besten und lobenswürdigsten gegen Freunde beweist? Oder wie ließe sich das Glück ohne Freunde hüten und wahren? Es ist ja um so unsicherer, je größer es ist. In Armut und sonstiger Not aber gilt der Freund als die einzige Zuflucht. Den Jünglingen erwächst aus der Freundschaft Bewahrung vor Fehltritten, den Greisen die wünschenswerte Pflege und Ersatz für das, was ihre Schwäche selbst nicht mehr vermag, dem starken Manne Förderung zu jeder guten Tat.

»Gehn zwei Männer gesellt ...« heißt's bei Homer. Denn zu zweien ist man fähiger zu Rat und Tat.

Ja, die Natur selbst scheint sie dem Erzeuger gegen das Erzeugte, und umgekehrt, eingepflanzt zu haben, nicht nur unter den Menschen, sondern auch unter den Vögeln und den meisten anderen Tieren; sie hat diesen Trieb den Wesen gleicher Abstammung gegeneinander verliehen, besonders den Menschen, daher wir die Philanthropen, die Menschenfreunde, loben. In der Fremde kann man's sehen, wie nah verwandt der Mensch dem Menschen ist und wie befreundet.

Freundschaft ist es auch, die die Staaten erhält und den Gesetzgebern mehr am Herzen liegt als die Gerechtigkeit. Denn die Eintracht ist offenbar mit ihr verwandt, und auf diese ist das Hauptaugenmerk der Staatslenker gerichtet, während sie die Zwietracht als eine Feindschaft am meisten zu verbannen bemüht sind.

Auch bedarf es unter Freunden der Gerechtigkeit nicht, wohl aber unter Gerechten der Freundschaft als einer Ergänzung der Gerechtigkeit, und das höchste Recht wird unter Freunden angetroffen.

Doch nicht bloß notwendig ist sie, auch schön, auch sittlich gut. Den Sinn für Freundschaft erheben wir mit

Lob, und den Besitz vieler Freunde halten wir für schön, und mancher glaubt, die braven Männer müßten auch Freunde sein.

Es bestehen aber nicht wenige Zweifel über sie. Die einen erklären sie für eine Gleichheit und für Freunde solche, die sich gleich sind; daher das Wort: »Gleich und Gleich«, und »Dohle zur Dohle«, und was dergleichen mehr ist. Andere sagen umgekehrt, alle solche seien gegeneinander wie ein Töpfer gegenüber dem anderen. Manche gehen in der Untersuchung über eben diese Frage weiter zurück und suchen sie mehr aus der Naturwissenschaft zu beantworten. So sagt Euripides, dürres Land liebe den Regen, und den hehren Himmel treibe die Liebe, wenn er regenschwanger sei, zur Erde sich zu senken, und Heraklit sagt, Widerstrebendes tauge zusammen, aus dem Verschiedenen entspringe die schönste Harmonie, und alles entstehe auf dem Wege des Streites. Umgekehrt wie sie äußert sich unter anderen Empedokles, wenn er behauptet, daß Gleiches nach Gleichem verlangt. (...)

Vielleicht können wir hierüber ins klare kommen, wenn wir zuvor erkannt haben, was das *Liebenswerte* ist. Denn nicht alles wird geliebt und ist demnach Gegenstand der Freundschaft, sondern nur das Liebenswerte, dieses aber ist entweder gut oder lustbringend oder nützlich. Nützlich aber kann man nennen woraus uns ein Gutes oder eine Lust zufließt, und so ist als Zweck nur das Gute und das

Lustbringende liebenswert. Liebt der Mensch nun was gut oder was ihm gut ist? Denn beides widerstreitet sich manchmal; und die gleiche Frage trifft das Lustbringende. Es liebt also jedermann scheint es was ihm gut ist, und schlechthin liebenswert ist das Gute, und für den Einzelnen liebenswert das dem Einzelnen Gute. Aber nun liebt doch jedermann nicht was ihm gut *ist*, sondern was ihm als gut *erscheint*. Aber das trägt nichts aus; wir können eben sagen: Liebenswert ist was als gut erscheint.

Es sind also drei Dinge, derentwegen man liebt. Nun spricht man aber bei der Liebe zu leblosen Dingen nicht von Freundschaft. Denn hier ist keine Gegenliebe noch Wohlwollen vorhanden. Es wäre ja wohl lächerlich, dem Wein wohlzuwollen, höchstens will man ihn erhalten, um ihn selbst zu haben. Dem Freunde aber, sagt man, muß man um seiner selbst willen das Gute wünschen.

Denjenigen aber, der jemandem in dieser Weise das Gute wünscht, nennt man wohlwollend, wenn nicht seitens des anderen dasselbe geschieht; denn erst gegenseitiges Wohlwollen nennt man Freundschaft.

Oder muß man noch hinzufügen, dass keinem diese Gesinnung des anderen verborgen bleiben dürfe? Viele sind wohlwollend gegen solche, die sie nie gesehen haben, aber für tugendhaft und tüchtig halten, und ebenso kann es den letzteren wieder mit Bezug auf jene gehen. Somit herrscht augenscheinlich zwischen ihnen gegenseitiges Wohlwollen. Aber wie könnte man sie Freunde nennen, da dem einen die Gesinnung des anderen verborgen bleibt? Mithin gehört zur Freundschaft, *daß man sich gegenseitig wohlwolle und Gutes wünsche, ohne daß einem diese gegenseitige Gesinnung verborgen bleibt, und zwar aus einer der angeführten Ursachen.*

Da diese Ursachen der Art nach voneinander verschieden sind, so sind es folgerichtig auch die Zuneigungen und die Freundschaften. Demnach sind drei Arten der Freundschaft, entsprechend der dreifachen Beschaffenheit des Liebenswerten, da es bei jedem Liebenswerten eine Gegenliebe gibt, die nicht verborgen bleibt, und die sich Liebenden sich unter der Rücksicht Gutes wünschen, unter der sie sich lieben.

Die sich also des Nutzens wegen lieben, lieben nicht einer den anderen an sich, sondern insofern, als ihnen voneinander Gutes widerfährt, und ebenso ist es mit denen, die sich der Lust wegen lieben: Man hat den artigen Mann gern, nicht wegen seiner persönlichen Eigenschaften, sondern weil er einem Vergnügen gewährt. Wo demnach die Liebe auf dem Nutzen beruht, da wird sie durch den Nutzen des Liebenden, und wo sie auf der Lust beruht, durch die Lust des Liebenden bestimmt und gilt dem Geliebten, nicht insofern er der Geliebte ist, sondern insofern er Nutzen oder Lust gewährt. Diese Freundschaften sind demnach nur mitfolgend solche. Denn in ihnen wird der Geliebte nicht darum geliebt, weil er ist, der er ist, sondern weil er in einem Falle Gutes, im anderen Falle Lust gewährt. Daher sind solche Freundschaften leicht lösbar, wenn die Personen sich nicht gleich bleiben: Sind sie nicht mehr angenehm oder nützlich, so hört man auf, sie zu lieben; das Nützliche aber bleibt nicht dauernd dasselbe, sondern bald ist dieses nützlich, bald jenes. Fällt also dasjenige weg, weshalb solche Menschen Freunde waren, so löst sich auch die Freundschaft auf, weil sie durch jenes bedingt war.

Eine derartige Freundschaft kommt wohl zumeist unter alten Leuten vor, da es solchen nicht um das Lustbringende, sondern um das Vorteilhafte zu tun ist, bei reifen Männern und jungen Leuten nur dann, wenn sie auf ihren Vorteil aus sind. Freunde dieses Schlages pflegen auch auf das Zusammenleben nicht eben viel zu geben; denn manchmal erwecken sie nicht einmal bei dem anderen Gefallen; daher vermissen sie den gegenseitigen Verkehr gar nicht, wenn ihnen kein Nutzen daraus erwächst, da ihre ganze Anziehungskraft darin besteht, daß sie die Aussicht auf einen Vorteil gewähren. Zu dieser Art von Freundschaft zählt man auch die Gastfreundschaft.

Die Freundschaft der jungen Leute aber scheint auf der Lust zu beruhen; denn die Jugend wird vom Affekt beherrscht und lebt vorwiegend der Freude und der Gegenwart. Mit den Jahren wird aber auch das Lustbringende ein anderes, daher die Jugendfreundschaften sich schnell schließen und lösen. Denn mit dem Lustbringenden schlägt auch die Freundschaft um, und die jugendliche

Freude unterliegt raschem Wechsel. Dann sind die jungen Leute aber auch stark zur Liebe geneigt, sofern in dieser eben Affekt und Lust vorwiegen. Daher lieben und erkalten sie schnell, oft so, daß sie noch am selben Tage eine Neigung fassen und wieder fahren lassen. So lange dieselbe aber anhält, wollen sie mit dem Freunde zusammen sein und zusammen leben; denn so gestaltet sich bei ihnen das Freundschaftsverhältnis.

Vollkommen aber ist die Freundschaft guter und an Tugend sich ähnlicher Menschen. Denn sie wünschen einander gleichmäßig Gutes, insofern sie gut sind, und sind gut an sich. Die aber dem Freunde um seiner selbst willen Gutes wünschen, sind Freunde im vollkommenen Sinne, weil sie diese Gesinnung an sich, nicht mitfolgend, haben. Daher bleibt die Freundschaft zwischen solchen Menschen bestehen, solange sie tugendhaft sind, Tugend aber ist beständig.

In solchem Freundschaftsverhältnis ist jeder der beiden Freunde schlechthin gut und gut für den Freund. Denn die Tugendhaften sind gleichzeitig schlechthin gut und einander nützlich, und in der nämlichen Weise sind sie lustbringend, sofern der Tugendhafte wie schlechthin so auch einer beim anderen Gefallen erweckt. Denn ein jeder hat Freude an seiner und verwandter Handlungsweise: Tugendhafte aber haben die gleiche oder eine ähnliche Handlungsweise.

Daß solche Freundschaft beständig ist, hat seinen guten Grund, da in ihr alles zusammentrifft, was unter Freunden vorhanden sein muß. Denn jegliche Freundschaft fußt auf einem Gute oder einer Lust, die beide dies entweder schlechthin sind oder bloß für den Freund, und setzt außerdem noch eine gewisse Ähnlichkeit voraus. In ihr aber hat man alles Genannte an und für sich. Denn in ihr stimmt auch sonst alles zusammen, und das schlechthin Gute ist auch schlechthin lustbringend. Da eben dieses auch das Liebenswerteste ist, so wird auch Liebe und Freundschaft dann am größten und am besten sein, wenn sie auf ihm, dem schlechthin Guten, fußt.

Naturgemäß sind aber derartige Freundschaften selten, da es Männer der bezeichneten Art nur wenige gibt. Auch bedarf es zur Bildung solcher Herzensbünde der Zeit und der Gewohnheit des Zusammenlebens; denn nach dem Sprichwort kann man sich nicht kennen lernen, wenn man nicht zuvor den bekannten Scheffel Salz miteinander gegessen hat; also kann man auch nicht eher aneinander Gefallen finden und Freundschaft schließen, als man sich einander als liebenswert erwiesen und bewährt hat. Die sich schnell auf freundschaftlichen Fuß miteinander stellen, wollen wohl Freunde sein, sind es aber nicht, wenn sie nicht zugleich auch liebenswert sind und das voneinander wissen. Denn nur der Entschluß zur Freundschaft, nicht die Freundschaft, kommt schnell zustande.

Diese Freundschaft also ist hinsichtlich der Zeit und der übrigen Bedingungen vollkommen; in ihr wird jedem seitens des anderen allweg dasselbe und das Gleiche zu teil, wie es bei Freunden sein muß. Die Freundschaft aber, die auf der Lust beruht, hat mit dieser Ähnlichkeit. Denn auch die Tugendhaften sind für einander eine Quelle der Lust. Dasselbe gilt von der auf dem Nutzen beruhenden Freundschaft. Denn die Tugendhaften sind einander auch von Nutzen. Aber auch unter solchen Menschen, deren Neigung auf Lust oder Vorteil beruht, haben die Freundschaften den längsten Bestand, wenn jedem von dem anderen das Gleiche, z. B. Lust, zuteil wird, und nicht bloß das, sondern auch seitens des gleichen lustbringenden Gegenstandes, wie z. B. im gegenseitigen Verkehr artiger und witziger Männer, nicht wie in dem Verhältnisse zwischen dem Liebhaber und dem Liebling. Hier freuen sich beide nicht über dasselbe, sondern der eine an dem Anblick des Geliebten, der andere an den Dienstleistungen des Liebhabers. Hört aber die Jugendanmut auf, so hat manchmal auch die Liebe ein Ende, da dem einen der Anblick keine Lust mehr gewährt und der andere nicht mehr die gewohnten Dienste empfängt. Oft dauert aber auch die Freundschaft fort, wenn die beiden im Charakter übereinstimmen, und jeder die Gemütsart des anderen im Verkehr liebgewonnen hat. Diejenigen aber, die in ihren Beziehungen nicht Lust um Lust, sondern Vorteil um Vorteil vertauschen, sind sich weniger Freund und bleiben es auch weniger, vielmehr hören Verhältnisse, die auf dem Vorteil beruhen, mit eben diesem Vorteil auf, weil hier die Liebe nicht der Person galt, sondern lediglich dem eigenen Nutzen.

Um der Lust und des Nutzens willen können auch schlechte Menschen untereinander und gute mit schlechten und die keins von beiden sind mit jedem befreundet sein, um ihrer selbst willen aber offenbar nur die tugendhaften. Denn die schlechten Menschen finden nur darum aneinander Gefallen, weil ein Vorteil für sie abfällt. Auch gegen Verleumdung ist nur die Freundschaft der Guten gefeit. Denn man glaubt einem nicht leicht in betreff eines Mannes, den man selbst in langer Zeit bewährt gefunden hat. In dieser Freundschaft herrscht auch das Vertrauen und stete Enthaltung von Kränkungen sowie alles andere, was zur wahren Freundschaft erfordert wird. Dagegen können bei den anderen Freundschaften recht wohl Störungen vorkommen.

Da nämlich die Leute sowohl diejenigen, die der Nutzen zusammenführt, Freunde nennen, wie dies auch die Staaten tun, die sich doch wohl in ihren Bündnissen durch den Vorteil bestimmen lassen, als auch diejenigen, deren Neigung auf der Lust beruht, wie das die Knaben tun, so müssen vielleicht auch wir solche Menschen Freunde nennen, dagegen aber mehrere Arten der Freundschaft aufstellen, und zwar zuoberst und in eigentlichem Sinne die Freundschaft unter Tugendhaften, insofern sie tugendhaft sind, und dann die anderen Freundschaften, insofern sie jener ersten ähnlich sind; denn da ist man sich Freund, insofern als ein Gut oder ein ihm Ähnliches in Frage kommt; auch das Lustbringende ist ja für die Liebhaber der Lust ein Gut. Diese beiden Freundschaften treffen aber nicht immer zusammen, und nicht die nämlichen sind um des Nutzens und um der Lust willen Freunde; denn was nur zufällig zusammentrifft, kommt nicht oft verbunden vor.

Andreas Urs Sommer

Freundschaft, nacharistotelisch, heißt auch auf Interpretation verzichten können. Die Freunde nicht den Bildern anzupassen, die man sich so gern von ihnen entworfen hat, um sich ihrer zu versichern. Es ist der Freundschaft dienlich, wenn man weder alles weiß noch alles wissen will. Freundschaft bedeutet ein geregeltes, durch Zuneigung mitbegründetes Verhältnis zweier gleichrangiger, andersgearteter Personen, das die Gleichrangigkeit und die Andersartigkeit im Blickfeld behält. Die Nähe darf demnach nicht zu groß sein.

Marcus Tullius Cicero

Laelius oder von der Freundschaft

Ich würde wahrlich keine Umstände machen, wenn ich Selbstvertrauen genug besäße; denn einerseits ist der Gegenstand an sich vortrefflich, andererseits haben wir, wie Fannius bemerkte, Muße. Doch wer bin ich, und welche Geschicklichkeit besitze ich? Das ist die Gewohnheit der Philosophen von Fach, namentlich der griechischen, daß man ihnen eine Frage vorlegt, über die sie selbst ohne alle Vorbereitung einen gelehrten Vortrag halten. Es ist ein schwieriges Geschäft und erfordert keine geringe Übung. Darum rate ich euch die wissenschaftliche Erörterung, die sich über die Freundschaft vortragen läßt, lieber bei Fachgelehrten zu suchen; ich kann euch nur auffordern der Freundschaft vor allen irdischen Gütern den Vorzug zu geben. Denn Nichts ist so naturgemäß, so unseren Verhältnissen im Glücke und im Unglücke angemessen.

Aber zunächst bin ich der Ansicht, daß nur unter Guten Freundschaft bestehen könne; doch nehme ich es damit nicht in so strengem Sinne wie die Philosophen, die dergleichen Fragen mit größerer Schärfe der Dialektik behandeln, vielleicht richtig, aber zu wenig mit Rücksicht auf das Bedürfnis des gewöhnlichen Lebens. Sie behaupten nämlich, kein Mensch sei gut außer dem Weisen. Dem sei immerhin so; aber das, was sie unter Weisheit verstehen, hat bis jetzt noch kein Sterblicher zu erreichen gewußt. Wir hingegen müssen uns an das halten, was in der Erfahrung und im gewöhnlichen Leben begründet ist, und nicht an Gedankenbilder oder fromme Wünsche. (...)

Laßt uns also mit schlichtem Hausverstande verfahren. Die Männer, die in ihrem Benehmen im ganzen Leben Treue, Rechtschaffenheit, Billigkeit und Edelmut bewähren und frei von aller Leidenschaft, Zügellosigkeit oder Frechheit sind, vielmehr große Standhaftigkeit besitzen, diese wollen wir (...) für würdig halten, weil sie, so viel es menschliche Kräfte erlauben, der Natur, der besten Führerin zu einem tugendhaften Leben, folgen. (...)

Die Freundschaft ist nämlich nichts anderes als die vollkommenste Übereinstimmung in allen göttlichen und menschlichen Dingen, verbunden mit Wohlwollen und Liebe, und es dürfte vielleicht mit Ausnahme der Weisheit dem Menschen nichts Besseres von den unsterblichen Göttern gegeben sein als sie. Einige ziehen Reichtümer vor, andere Gesundheit, andere Macht, andere Ehrenämter, viele sogar Sinnenlust. Dieses Letztere freilich kommt nur unvernünftigen Tieren zu; jene ersteren Güter aber sind hinfällig und unzuverlässig und beruhen nicht sowohl auf unseren Entschließungen als auf der Laune des Glückes. Wer aber das höchste Gut in die Tugend setzt, hat allerdings eine erhabene Ansicht; allein eben diese Tugend ist es, welche die Freundschaft erzeugt und erhält, und ohne Tugend kann die Freundschaft auf keine Weise bestehen.

Nun wollen wir den Begriff der Tugend nach dem Herkommen unseres Lebens und unserem Sprachgebrauche nehmen, ohne an denselben in der Weise gewisser Philosophen den Maßstab hochtrabender Redensarten zu legen (…)

(...) Zuvörderst, wie kann das Leben lebenswert sein, um mit Ennius zu reden, das nicht im gegenseitigen Wohlwollen des Freundes Ruhe und Erquickung findet? Was ist süßer als einen Freund zu haben, mit dem man Alles so bereden darf wie mit sich selbst? Welcher Genuß würde in glücklichen Tagen so groß sein, wenn wir nicht einen Freund hätten, der sich ebenso darüber freute als wir selbst? Mißgeschick aber zu ertragen würde schwer halten ohne einen Freund, der es noch tiefer empfände als wir. Endlich sind die übrigen Güter, welche Gegenstände unseres Strebens sind, fast nur einzelnen Zwecken dienlich: Reichtum zur Benutzung; Macht, um Achtung zu erlangen; Ehrenämter, um zur Anerkennung zu gelangen; sinnliche Genüsse, um sich zu vergnügen; Gesundheit, um sich frei von Schmerz zu fühlen und die körperlichen Verrichtungen zu besorgen. Die Freundschaft hingegen verbreitet sich über die meisten Lebensverhältnisse. Wohin man sich nur wenden mag, da steht sie zu Diensten, von keinem Orte ist sie ausgeschlossen, niemals ist sie ungelegen, niemals lästig. Daher haben wir nicht das Wasser, nicht das Feuer, wie man sagt, in mehr Fällen nötig als die Freundschaft. Doch ich rede jetzt nicht von der Freundschaft der großen Menge oder der des Mittelschlages, die gleichwohl auch Freude und Vorteile gewährt, sondern von der echten und vollkommenen, wie sie nur bei Wenigen war, die einen geschichtlichen Namen haben. Denn eine solche Freundschaft läßt einerseits unser Glück in schönerem Lichte erscheinen, andererseits erleichtert sie das widrige Geschick durch Teilnahme und Mitgefühl.

Sehr viele und sehr große Vorteile umfaßt die Freundschaft in sich; der vorzüglichste aber besteht unstreitig darin, daß sie uns für die Zukunft vorleuchtend freudige Hoffnung gewährt und den Mut nicht erschlaffen oder sinken läßt. Wer nämlich auf einen echten Freund hinschaut, schaut gleichsam auf das Abbild seines eigenen Ichs. Darum sind Abwesende anwesend, Dürftige reich, Schwache stark und, was noch auffälliger klingt, Tote lebendig. So groß ist die Ehre, das Andenken und die Sehnsucht der Freunde, die sie begleitet. Aus diesem Grunde erscheint mir der Tod der Einen glückselig, das Leben der Anderen preiswürdig.

Nimmt man aber das Band des Wohlwollens aus der Welt heraus, so wird weder ein Haus noch eine Stadt bestehen können, nicht einmal der Ackerbau wird fortdauern. Begreift man dies nicht hinreichend, so läßt sich aus den verschiedenen Arten von Uneinigkeit und Zwietracht deutlich erkennen, wie groß die Macht der Freundschaft und der Eintracht ist. Denn wo ist ein Haus so dauerhaft gegründet, wo steht eine bürgerliche Gemeinde so fest, daß sie nicht durch Haß und Zerwürfnis von Grund auf zerstört werden könnte? Hieraus kann man urteilen, wie viel Gutes in der Freundschaft liegt.

Ein gelehrter Mann aus Agrigent soll in griechischen Gedichten gesungen haben: »Was in der Natur und in der ganzen Welt fest stehe, und was sich bewege, das verknüpfe die Freundschaft und trenne die Zwietracht.« Und das ist etwas, was alle Sterblichen sowohl begreifen als auch durch die Tat als wahr anerkennen. Zeigt sich daher einmal ein Beispiel von Diensteifer eines Freundes, indem er Gefahren übernimmt oder teilt; wer erhebt dies nicht mit den größten Lobsprüchen? Welches Beifallsgeschrei erscholl neulich im ganzen Schauspielhause bei dem neuen Stücke meines Gastgenossen und Freundes Marcus Pacuvius bei dem Auftritte, wo der König nicht wußte, welcher von beiden Orestes sei, und Pylades sich für Orestes ausgab, um sich für ihn hinrichten zu lassen; Orestes aber, wie er es auch wirklich war, bei der Versicherung verharrte, er sei Orestes! Man erhob sich und klatschte Beifall, obwohl es nur eine Dichtung war; was, meinen wir, würde man wohl bei einem Falle aus der Wirklichkeit getan haben? Unwillkürlich äußerte hier das natürliche Gefühl seine Stärke, indem die Leute eine Tat, die sie selbst zu vollbringen sich zu schwach fühlten, doch an einem anderen schön fanden.

So weit glaubte ich meine Ansichten über die Freundschaft aussprechen zu können; gibt es sonst noch einige Punkte, – und ich glaube, es gibt deren noch viele, – so sucht, wenn's beliebt, bei den Leuten Belehrung, die solche Gegenstände berufsmäßig zum Gegenstande ihrer gelehrten Untersuchungen machen.

Christian Friedrich Daniel Schubart

Freundschaft

Freundschaft, Himmelstochter,
Komm und höre mich!
Im geweihten Liede
Göttin, sing ich dich.
Lass von Sympathieen
Meine Seele glühen,
Dass von deinem Licht erhellt,
Dir das Lied gefällt.

In der Wüste trauernd
Hat ein Menschenfreund
Einstens vor dem Himmel
Seinen Gram geweint:
»Schöpfer meines Herzens,
Kenner meines Schmerzens,
Sprich, was soll dies Zittern hier,
Dieser Drang in mir?

Löw' und Wolf und Tiger,
Wild und zahmes Vieh
Haben für mich Armen
Keine Sympathie.
Felsen, Berge, Meere
Füllen nicht die Leere,
Hellen nicht die Dunkelheit,
Die mein Herz entweiht.«

Gott der Menschenvater
Hört den Klager an;
Und, mit Himmelsklarheit
Lieblich angetan,
Kam zum Menschenfreunde,
Der in Wüsten weinte,
Freundschaft. – Groß und gut und mild
War der Göttin Bild.

Ihre Lippe hauchte
Sanft ins Menschenherz
Mitgefühl für Freude,
Mitgefühl für Schmerz;
Seelen wurden Flammen,
Schlangen sich zusammen,
Und zum Herzenbilder drang
Nun ein Zweigesang.

Freundschaft macht die Menschen
Gottes Engeln gleich,
Macht sie froh im Kummer,
In der Armut reich;
Und an ihrem Stabe
Wandeln wir zum Grabe,
Sprechen zu dem Freunde: dort
Daurt die Freundschaft fort.

Freunde, stark und dauernd
Wie die Ewigkeit
Ist die Brudertreue,
Die ich Euch geweiht.
Macht nicht Mädchenliebe
Oft das Leben trübe?
Nur die Freundschaft hat allein
Ewig Sonnenschein.

Georg Simmel

Freundschaft des modernen Menschen

Die Freundschaft, der diese Heftigkeit, aber auch diese häufige Ungleichmäßigkeit der Hingabe fehlt, mag eher den ganzen Menschen mit dem ganzen Menschen verbinden, mag eher die Verschlossenheiten der Seele, zwar nicht so stürmisch, aber in breiterem Umfang und längerem Nacheinander lösen. Solche völlige Vertrautheit dürfte indes mit der wachsenden Differenzierung der Menschen immer schwieriger werden. Vielleicht hat der moderne Mensch zu viel zu verbergen, um eine Freundschaft im antiken Sinne zu haben, vielleicht sind die Persönlichkeiten auch, außer in sehr jungen Jahren, zu eigenartig individualisiert, um die volle Gegenseitigkeit des Verständnisses, des bloßen Aufnehmens, zu dem ja immer so viel ganz auf den anderen eingestellte Divination und produktive Phantasie gehört, zu ermöglichen. Es scheint, daß deshalb die moderne Gefühlsweise sich mehr zu differenzierten Freundschaften neigte, d.h. zu solchen, die ihr Gebiet nur an je einer Seite der Persönlichkeiten haben und in die die übrigen nicht hineinspielen.

Michel de Montaigne

Freunde und Freundschaft

Bei dem, was wir gewöhnlich Freunde und Freundschaft nennen, handelt es sich allenfalls um nähere Bekanntschaften, die bei gewissen Anlässen oder um irgendeines Vorteils willen geknüpft wurden und uns nur insoweit verbinden. Bei *der* Freundschaft hingegen, von der ich spreche, verschmelzen zwei Seelen und gehen derart ineinander auf, daß sie sogar die Naht nicht mehr finden, die sie einte. Wenn man in mich dringt zu sagen, warum ich Étienne de la Boétie liebte, fühle ich, daß nur *eine* Antwort dies ausdrücken kann: »Weil er er war, weil ich ich war.«

Daß man mir die gewöhnlichen Freundschaften ja nicht auf dieselbe Stufe stelle! Ich habe hiervon ebenso viele kennengelernt wie jeder andre, selbst solche der vollkommensten ihrer Art; dennoch warne ich davor, beider Gesetze zu vermengen – man geriete sonst auf den Holzweg. Bei solchen Freundschaften nämlich muß man den Zügel angezogen halten, stets wachsam bleiben und auf der Hut sein. Ihr Band ist nicht so fest geknüpft, daß Mißtrauen überflüssig wäre. »Liebe ihn«, sagte Chilon, »wie einen, den du eines Tages vielleicht hassen wirst; hasse ihn wie einen, den du später vielleicht liebst!« Dieser Rat, den jener hohen, jener höchsten Freundschaft zu erteilen schändlich wäre, ist dem Alltag der Alltagsfreundschaften durchaus dienlich, für die das von Aristoteles so gern benutzte Wort gilt: »O meine Freunde, Freunde gibt es nicht!«

Im hochgesinnten Umgang zwischen wahren Freunden gebührt den Diensten und Wohltaten, welche die anderen Beziehungen am Leben erhalten, nicht einmal Erwähnung, so vollständig ist hier die Verschmelzung der Willen; denn wie die Freundschaft, die ich zu mir selber hege, nicht dadurch größer wird, daß ich mir im Notfall beistehe (was immer die Stoiker hierüber sagen mögen), und wie ich mich für den Dienst, den ich mir erweise, nicht eigens bei mir bedanke, läßt auch der Bund derartiger Freunde, da wahrhaft vollkommen, sie diese Pflichten gar nicht mehr als solche empfinden; unterteilende und einstufende Wörter wie *Wohltat, Schuldigkeit* und *Erkenntlichkeit*, wie *Bitte* und *Dank* und dergleichen sind bei ihnen deshalb verpönt und verbannt. Da sie in Wirklichkeit alles gemeinsam haben – Wünsche und Gedanken, Urteile und Güter, Frauen und Kinder, Ehre und Leben – und sie nach der höchst treffenden Definition des Aristoteles nur noch eine einzige Seele in zwei Körpern sind, können sie voneinander nichts leihen und einander nichts geben.

Das ist auch der Grund, warum die Gesetzgeber Schenkungen zwischen Gatten verbieten; so wollen sie der Ehe die Ehre einer gewissen – freilich illusorischen – Ähnlichkeit mit jenem göttlichen Bund der Freundschaft erweisen und dartun, daß jedem von ihnen alles gehöre und sie folglich unter sich nichts aufzuteilen hätten.

Könnte in der Freundschaft, von der ich spreche, der eine dem andern etwas geben, würde nicht der Wohltäter den Empfänger, sondern der Empfänger den Wohltäter zu Dank verpflichten; denn da beide in höchstem Maße bestrebt sind, sich gegenseitig Gutes zu tun, ist jener der wahrhaft freigebige, der seinem Freund Anlaß und Gelegenheit hierzu gibt und ihm so zu dem Glück verhilft, das zu verwirklichen, was er sich am meisten wünscht. (Wenn der Philosoph Diogenes kein Geld hatte, pflegte er zu sagen, er werde von seinen Freunden welches zurückerbitten – und nicht, er werde welches erbitten. Sie schuldeten es ihm ja aus Freundespflicht!) Um zu zeigen, wie sich so etwas in der Praxis abspielt, werde ich nun von einem ungewöhnlichen Beispiel aus der Antike berichten.

Die gewöhnlichen Freundschaften kann man aufteilen: Man vermag in dem einen die Schönheit zu lieben, im andern die Gefälligkeit der Umgangsformen, im dritten die Großzügigkeit, im vierten das väterliche Wohlwollen, im fünften die Brüderlichkeit und so weiter; die wahre Freundschaft aber ergreift vom ganzen Menschen Besitz und beherrscht ihn so uneingeschränkt, daß sie sich unmöglich vervielfachen läßt.

Die einmalige, die alles überragende Freundschaft entbindet von allen sonstigen Verbindlichkeiten. Ein Geheimnis, das niemand anderem zu enthüllen ich geschworen habe, kann ich, ohne einen Meineid zu begehn, dem mitteilen, der kein andrer ist: Er ist ich. Sich zu verdoppeln dünkt mich schon Wunder genug, und jene, die von ihrer Verdreifachung reden, kennen dessen wahre Größe nicht. Das Höchste hat nie seinesgleichen; wenn ich von zweien den einen ebenso sehr wie den anderen liebte, und sie liebten sich untereinander und liebten mich ebensosehr, wie ich sie liebte, würde sich das Verbundenste und Unteilbarste (von dem ein Beispiel auf der Welt zu finden äußerst selten ist) in eine vielköpfige Bruderschaft zerteilen.

Kurz, diese Dinge sind für denjenigen unvorstellbar, der sie nicht selbst erfahren hat; daher bewundre ich über alle Maßen die Antwort, die ein junger Soldat dem Kyros gab. Als er von diesem gefragt wurde, für wieviel er bereit sei, sein Pferd herzugeben, mit dem er grade ein Rennen gewonnen hatte, und ob er es gegen ein Königreich eintauschen würde, erwiderte er: »Gewiß nicht, Herr; ohne Zögern aber würde ich mich von ihm trennen, um einen Freund zu gewinnen – falls ich einen Mann fände, der eines solchen Bundes würdig wäre.«

Mit Recht sagte er *fände*, denn Menschen, die zu einer oberflächlichen Bekanntschaft taugen, finden sich schnell genug. Aber bei der von mir gemeinten Freundschaft, wo man sich aus der tiefsten Tiefe des Herzens heraus dem andern zuwendet und jeden Rückhalt aufgibt, ist es unabdingbar, daß alle Beweggründe völlig lauter und vertrauenswürdig sind.

Sören Kierkegaard

Die Einheit der Lebensanschauung

Die absolute Bedingung aller Freundschaft ist die Einheit der Lebensanschauung. Hat man die, so wird man nicht versucht sein, seine Freundschaft auf dunkle Gefühle oder auf unerklärliche Sympathien zu gründen. Infolgedessen wird man dann auch nicht jene lächerlichen Umschwünge erleben, daß man an einem Tage einen Freund hat, am andern nicht. Man wird die Bedeutung des unerklärten Sympathetischen nicht verkennen, denn man ist in strengerem Sinne ja nicht gleich mit jedem befreundet, mit dem man die Lebensanschauung gemein hat; aber allein bei dem Sympathetischen in seiner Rätselhaftigkeit bleibt man auch nicht stehen. Eine wahre Freundschaft erfordert immer Bewußtsein und wird damit der Schwärmerei enthoben.

Die Lebensanschauung, in der man eins wird, muß eine positive Anschauung sein. So haben wir, mein Freund und ich, eine positive Anschauung gemein. Wenn wir uns ansehen, geht es uns daher nicht so wie jenen Auguren, daß wir lachen müssen, im Gegenteil, wir werden ernst. Daß die Auguren lachten, war ganz in der Ordnung, denn ihre gemeinsame Lebensanschauung war eine negative. Das verstehst Du recht gut, denn es ist ja einer Deiner schwärmerischen Wünsche, »eine gleichgestimmte Seele zu finden, mit der Du über das Ganze lachen kannst, und es ist das Entsetzliche, das nahezu Beängstigende am Leben, daß so gut wie niemand merkt, wie erbärmlich es ist, und unter diesen wenigen gibt es nur ganz selten eine Ausnahme, die es versteht, sich bei guter Laune zu halten und über das Ganze zu lachen«. Wird Dein Verlangen nicht gestillt, so verstehst Du es, Dich darein zu schicken, »denn eben kraft der Idee ist es so, daß nur einer lacht; ein solcher ist der wahre Pessimist, gäbe es mehrere von der Art, so wäre das ja ein Beweis, daß die Welt noch nicht so ganz jämmerlich ist.« (...)

Sieh, wenn man eine solche Ansicht vom Leben hat, so ist es schwer, einen Freund zu finden, der die Lebensanschauung mit einem gemein hat. Oder hast Du etwa in der mystischen Gesellschaft, von der Du zuweilen sprichst, solche gefunden? Seid ihr etwa eine Vereinigung von Freunden, die sich gegenseitig für gerade so klug halten, daß ihr eure Verrücktheit zu verbergen wißt? (...)

Freundschaft erfordert also eine positive Lebensanschauung. Eine positive Betrachtung des Lebens läßt sich aber nicht denken, ohne daß sie ein ethisches Moment in sich trüge. Man trifft heutzutage zwar oft genug Leute, die ein System haben, in dem das Ethische gar nicht vorkommt. Mögen sie zehnmal ein System haben, eine Lebensanschauung haben sie nicht. In unserer Zeit läßt eine derartige Erscheinung sich vorzüglich erklären, denn wie sie in mancher Beziehung verkehrt ist, so ist sie es auch darin, daß man zunächst in die großen Mysterien eingeweiht wird und dann erst in die kleineren. Das ethische Moment in der Lebensanschauung bildet also den eigentlichen Ausgangspunkt für die Freundschaft; und erst wenn man die Freundschaft so sieht, gewinnt sie Bedeutung und Schönheit. Bleibt man bei dem Sympathetischen als dem Mysteriösen stehen, so wird die Freundschaft ihren vollendetsten Ausdruck in jenem Verhältnis finden, wie es zwischen den Gesellschaftsvögeln obwaltet, deren Zusammenhalt so innig ist, daß der Tod des einen auch der des andern ist. Ein solches Verhältnis ist in der Natur schön, unschön aber in der Welt des Geistes. Die Einheit der Lebensanschauung ist das Konstituierende in der Freundschaft. Ist sie vorhanden, so besteht die Freundschaft, wenn der Freund auch stirbt, denn der verklärte Freund lebt in dem andern fort; hört sie auf, so ist die Freundschaft aus, wenn der Freund auch leben bleibt.

Betrachtet man die Freundschaft auf diese Art, so betrachtet man sie ethisch und somit nach ihrer Schönheit. Sie gewinnt dann zugleich Schönheit und Bedeutung. Soll ich eine Autorität für mich gegen Dich anführen? Nun wohl! Wie hat Aristoteles die Freundschaft aufgefaßt? Hat er sie nicht zum Ausgangspunkt für seine gesamte ethische Betrachtung des Lebens gemacht, denn mit der Freundschaft, sagt er, erweitern sich die Begriffe von dem, was Recht ist, so daß sie auf eins hinauslaufen (…).

Joachim Ringelnatz

Freundschaft

Erster Teil

Es darf eine Freundschaft formell sein,
Muß aber genau sein.
Eine Freundschaft kann rauh sein,
Aber muß hell sein.

Denn Allzuspródes versäumt oder verdirbt
Viel. Weil manchmal der Partner ganz plötzlich stirbt.

Mehr möchte ich nicht darüber sagen.
Denn ich sitze im Speisewagen
Und fühle mich aus Freundschaft wohl
Bei »Gedämpfter Ochsenhüfte mit Wirsingkohl«.

Zweiter Teil

Die Liebe sei ewiger Durst.
Darauf müßte die Freundschaft bedacht sein.
Und, etwa wie Leberwurst,
Immer neu anders gemacht sein.

Damit man's nicht überkriegt.
Wer einmal den Kanal
Überfliegt,
Merkt: Der ist so und so breit.
Und das ändert sich kaum
In menschlein-absehbarer Zeit.
Wohl aber kann man den Zwischenraum
Schneller oder kürzer durchqueren.
Wie? Das muß die Freundschaft uns lehren.

Ach, man sollte diesen allerhöchsten Schaft,
Immer wieder einmal jünglingshaft
Überschwenglich begießen.
Eh' uns jener ausgeschlachtete Knochenmann dahinrafft.

Khalil Gibran

Von der Freundschaft

Und ein Jüngling sagte: Sprich zu uns von der Freundschaft.

Und er antwortete und sagte:

Euer Freund ist die Erhörung eurer Bitten.

Er ist euer Acker, auf dem ihr mit Liebe sät und mit Dankbarkeit erntet.

Und er ist euer Tisch und euer Platz am Feuer.

Denn ihr kommt zu ihm mit eurem Hunger, und ihr sucht bei ihm den Frieden.

Wenn euer Freund seine Meinung äußert, fürchtet ihr nicht das Nein in eurer Seele, noch versagt ihr ihm das Ja.

Und wenn er schweigt, hört euer Herz nicht auf, seinem Herzen zu lauschen;

Denn ohne Worte werden in der Freundschaft alle Gedanken, alle Wünsche, alle Erwartungen geboren und geteilt, mit einer Freude, die keiner Bestätigung bedarf.

Und trennt ihr euch von eurem Freund, dann trauert ihr nicht;

Denn was ihr an ihm am meisten liebt, könnte in seiner Abwesenheit klarer zu erkennen sein, so wie dem Kletterer der Berg von der Ebene aus deutlicher erscheint.

Und kein anderes Ziel soll die Freundschaft haben als die Vertiefung des Geistes.

Denn Liebe, die etwas anderes anstrebt als die Offenbarung ihres eigenen Geheimnisses, ist keine Liebe, sondern ein ausgeworfenes Netz – und nur Wertloses verfängt sich darin.

Und euer Bestes sei für euren Freund.

Wenn er die Ebbe eurer See erleben muss, lasst ihn auch deren Flut erleben.

Denn was ist euer Freund, dass ihr ihn aufsuchen dürftet, um Zeit totzuschlagen?

Sucht ihn stets auf, um Zeit zu erleben.

Denn seine Aufgabe ist, eure Sehnsucht, nicht eure Leere zu erfüllen.

Und die Süße eurer Freundschaft sei mit Lachen und geteilten Freuden gewürzt;

Denn im Tau kleiner Dinge findet das Herz seinen Morgen und seine Erquickung.

Ina Schmidt

Keine Frage des »Wie viel«: Die Inflation der Freundschaft

Nehmen wir also für einen Moment die Idee ernst, auch im sozialen Leben könnte die Quantität die neue Qualität sein – selbst wenn sich dabei Widerstand regt. Aber bleiben wir dennoch dabei, dann fragen wir im zweiten Schritt: Wie viele Freunde können wir eigentlich in unserem Leben unterbringen? Je mehr, desto besser, raunt uns der innere Wunsch nach Anerkennung zu. Aber auch hier gibt es Grenzen, das wissen wir natürlich. Schon Aristoteles hat sich diese Frage gestellt und ist zu dem Schluss gekommen, dass wir nur eine begrenzte Anzahl an Freunden haben können. »So ist auch die Zahl der Freunde begrenzt, und ihr Maximum wird sich wohl danach bestimmen, mit wie vielen man zusammen leben kann. Hierin schien uns ja die Freundschaft recht eigentlich zum Ausdruck zu kommen; es ist aber offenbar ein Ding der Unmöglichkeit, mit vielen zusammen zu leben und sich unter sie zu teilen.« Es geht also nach Aristoteles darum, mit wie vielen Menschen ich wirklich eine lebendige Verbindung leben und pflegen kann, mit wie vielen Menschen ich »leben« kann, ohne mich zu zerreißen. Diese Frage bietet ein gutes Richtmaß, wenn wir uns heute danach fragen, mit wie vielen Menschen – Freunden – ich wirklich lebe – und auf welche Weise. Auch der griechische Denker Plutarch hat im Anschluss an Aristoteles' Gedanken die recht aktuelle Beobachtung beschrieben, dass wir das Neue, also auch neue und andere Menschen, oft genug als Lösung für unsere Sehnsüchte in unser Leben lassen und darüber die Chance verpassen, die wahrhafte Qualität des »Miteinanders« in dem zu erfahren, was schon da ist. »So nimmt uns leicht durch die Liebe zum Neuen und den Ekel vor dem Alten ein frischer und blühender Mensch ein und verändert uns so, dass wir uns in manche unvollkommenen Freundschaften und Bekanntschaften einlassen, aus Liebe zu dem aber, welchem wir nacheilen, an dem vorübergehen, welchen wir schon gewonnen haben.«

Versuchen wir uns also in den Beziehungen, die wir haben, wirklich auszukennen, um wahrhaft entscheiden zu können, wann dem Neuen vor dem Alten der Vorrang zu geben ist, dann gilt es, sich auf eine andere Art und Weise auf die Menschen einzulassen als nur vom Standpunkt der eigenen Wertsteigerung. Plutarch stimmt dem zu, wenn er schreibt, dass die Freundschaft zwar die Gesellschaft liebt, aber »nicht herdenweise oder nach Dohlenart«. Es scheine die »Zweizahl« das Maß der Freundschaft zu sein. Was aber nun macht den »Wert«, die »Münze« der Freundschaft aus, wie Plutarch es nennt? Er nennt Wohlwollen, Freundlichkeit und die Tugend, die wohl das Kostbarste und Seltenste ist, was es in einer Freundschaft zu finden gilt. Um aber überhaupt darauf stoßen zu können, gilt es, sich auf wenige Menschen zu konzentrieren. Denn, so Plutarch, »große Liebe und Gegenliebe« ist unter vielen nicht möglich. Beide seien wie »die Flüsse, die sich oft spalten und zerteilen, schwach und leicht fließen, so wird auch die in der Seele wohnende starke Liebe durch eine Verteilung unter viele geschwächt«.

Nun ist es nicht so, dass wir in der heutigen Zeit mit diesen Grundsätzen nichts anzufangen wüssten. Die oft sorgfältige Unterscheidung zwischen Freunden und Bekannten im täglichen Sprachgebrauch macht dies sehr deutlich. Nach wie vor sind es meist nicht mehr als eine Handvoll Menschen, die wir in unserem Leben als wirkliche Freunde bezeichnen – wenn wir es denn ernst meinen. Nach Studien des US-Soziologen Nicholas Christakis haben heute etwa 10 Prozent der Menschen einen Freund, weitere 10 Prozent haben zwei, 20 Prozent drei Freunde. Nur ein Prozent gibt an, 50 Freunde zu haben – und zwar reale Menschen. Manfred Spitzer führt etwas andere Zahlen an, untermauert aber ebenso die These der »Begrenzung«, wenn er zusammenfasst, dass wir etwa eine Handvoll »beste Freunde« in unserem Leben versammeln. Gute Freunde nennen wir dann schon 12-15 und Bekannte, also Menschen, die wir beim Namen nennen und in irgendeiner Weise zu uns in Beziehung setzen können, versammeln wir circa 150 um uns. Dabei spielen nach Spitzer auch persönliche Fähigkeiten eine Rolle, etwa die Gedächtnisleistung, also die schlichte Frage, wie viele Menschen ich mir merken und einsortieren kann. Dazu kommt Empathiebegabung, also die Fähigkeit, sich in andere Menschen hineinzuversetzen, noch bevor wir uns auf sympathische Weise mit ihnen verbinden. Dass dabei auch die ganz persönliche Definition dessen, was ein Freund ist und was nicht, wesentlichen Einfluss nimmt, versteht sich von selbst. Aber auch wenn wir großzügig mit dem Begriff umgehen und alle flüchtigen Bekannten hinzuzählen: Wir können offenbar nur ein bestimmtes Kontingent an Menschen in unserem Leben unterbringen. Das untermauert auch Robin Dunbar, Evolutions-Anthropologe an der Universität Oxford, der seit vielen Jahren die sogenannte »Elastizität menschlicher Geselligkeit« erforscht. Er arbeitet dabei mit Primaten und stellte bereits in den 70er-Jahren fest, dass die Größe sozialer Gruppen proportional zur Größe des Neokortex im Gehirn ihrer Mitglieder wächst. Überträgt man die Forschungsergebnisse auf den Menschen, so ergibt sich im Rahmen seiner Untersuchungen eine sogenannte Dunbar-Zahl von 150. Das heißt, dass wir mit mehr Menschen nicht vertraut werden können. Es übersteigt schlicht unser Fassungsvermögen. Erstaunlicherweise passt diese Zahl ziemlich genau zu den Erfahrungswelten der Jäger und Sammler, die meist in Verbänden dieser Größenordnung unterwegs waren. Aber auch militärische Kohortengrößen und selbst heutige Unternehmen kreisen ungefähr um die Größe, um sich dann zu unterteilen.

Natürlich gibt es auch die Möglichkeit – wir denken an die Beobachtung Plutarchs –, die Menge der Freunde nicht nur über ein beständiges Anwachsen der absoluten Anzahl zu steigern, sondern ebenfalls dadurch, dass wir schnell und je nach Interesse unseren Freundeskreis verändern. Dass wir also Menschen ziehen lassen, sobald sie uns nicht mehr ins »Konzept« passen, und uns jemanden suchen, der leichter in den veränderten Umständen unterzubringen ist. Auch das steigert die Anzahl derer, die für einen gewissen Zeitraum so etwas wie ein Freund gewesen sein mögen – aber natürlich sind auch diese Beziehungen nur ein Zeichen dafür, dass das, was eine wahrhafte Tugendfreundschaft ausmachen kann, darin nicht vorkommt. Sich auf etwas einzulassen, das möglicherweise hin und wieder schwierig oder unverständlich ist, das Festhalten an einer Freundschaft und die Bereitschaft, sich für den Standpunkt des anderen zu öffnen, auch wenn es vielleicht sogar wehtut, das klingt in unseren Ohren nach dem Ende einer

Freundschaft und ganz sicher nicht nach einem notwendigen Bestandteil. Nur: Wie viel »Kenntnis« – Erkenntnis und auch Bekenntnis – ermöglicht uns eine Gegenwart, die sich durch das Flüchtige, das Schnelle und Nützliche auszuzeichnen versteht? Die lieber an der Oberfläche als in der Tiefe fischt und dort ihre Erfolge feiert, weil es zu anstrengend und schwierig erscheint, hinter die Fassade zu schauen und das Risiko einzugehen, dass sich dahinter etwas weitaus weniger Glamouröses verbirgt?

Das Problematische daran ist weitaus weniger, dass wir uns für die »Zerstreuung« ganz im Sinne Georg Simmels, für das Geflitter und Geflatter entscheiden, dass wir also das Flüchtige dem Substanziellen vorziehen, sondern die Tatsache, dass wir beides miteinander verwechseln und uns selten genug die Mühe machen herauszufinden, worin der Unterschied liegt. Und eben das führt dazu, dass uns fast jeder vom Sportsfreund bis zum Parteifreund, von der Partybekanntschaft bis zum Internetkontakt auf irgendeine Weise zum Freund wird. Darin liegt zumindest sprachlich eine inflationäre Ausweitung dieser so kostbaren und außerordentlichen Beschreibung für die vielleicht vollkommenste Form des menschlichen Miteinanders. Und schließlich ist es doch zu einem wesentlichen Teil die Sprache, über die wir uns verständigen, die Bedeutungen festlegt und uns hilft, Orientierung zu finden, selbst wenn sich die Dinge nicht immer begrifflich fassen lassen. Es geht also nicht allein um eine kulturkritische Haltung, sondern um einen achtsameren Umgang mit dem Begriff des Freundes und dem, was wir darunter verstehen. Darum, sich auf etwas einzulassen, was nicht den gängigen Mechanismen eines nutzenorientierten Gebens und Nehmens entspricht und erst dann seine eigentliche Qualität entfaltet. Es gibt eine Bezeichnung für diese Form der sozialen Fremdheit, der wir so oft begegnen, die Unfähigkeit, sich auf etwas einzulassen, sogar auf sich selbst. Sie geht auf einen tragischen griechischen Mythos zurück, auf die Geschichte des Narziss.

Freundschaft schließen

»Ein Freund ist schwer zu finden und leicht zu verlieren.«

Französische Weisheit

Georg Büchner

Die Fähigkeit zur Freundschaft

Die Fähigkeit zur Freundschaft gehört zu den edelsten, welche unsere Seele überhaupt besitzt; die Freundschaft selbst ist zugleich eine der reinsten und genußreichsten unserer Gemütsstimmungen und vielleicht die einzige Leidenschaft, deren Übermaß nichts Tadelnswertes hat … Die wahre Freundschaft ist nur diejenige, welche nichts in ihren großmütigen Ergüssen aufhält, welche den Menschen in allen Lagen und Zuständen, worin ihn ein Schicksal versetzt, begleitet, welche sich durch keine Rücksicht erschüttern läßt und sich unveränderlich auch im Unglücke ausspricht und bewährt.

Friedrich Schiller

Jetzt gib mir einen Menschen, gute Vorsicht –
Du hast mir viel gegeben. Schenke mir
Jetzt einen Menschen. Du – du bist allein,
Denn deine Augen prüfen das Verborgne,
Ich bitte dich um einen Freund, denn ich
Bin nicht wie du allwissend. Die Gehülfen,
Die du mir zugeordnet hast, was sie
Mir sind, weißt du. Was sie verdienen, haben
Sie mir gegolten. Ihre zahmen Laster,
Beherrscht vom Zaume, dienen meinen Zwecken,
Wie deine Wetter reinigen die Welt.
Ich brauche Wahrheit – Ihre stille Quelle
Im dunkeln Schutt des Irrtums aufzugraben,
Ist nicht das Los der Könige. Gib mir
Den seltnen Mann mit reinem, offnem Herzen,
Mit hellem Geist und unbefangnen Augen,
Der mir sie finden helfen kann – ich schütte
Die Lose auf; laß unter Tausenden,
Die um der Hoheit Sonnenscheibe flattern,
Den einzigen mich finden.

Antoine de Saint-Exupéry

Der Fuchs

In diesem Moment erschien ein Fuchs.

»Guten Tag«, sagte der Fuchs.

»Guten Tag«, antwortete der kleine Prinz, höflich, wie er war. Er drehte sich um, aber er konnte niemanden sehen.

»Hier bin ich«, hörte er eine Stimme, »unter dem Apfelbaum …«

»Wer bist du?«, fragte der kleine Prinz. »Gut siehst du aus!«

»Ich bin ein Fuchs«, sagte der Fuchs.

»Komm und spiel mit mir«, schlug der kleine Prinz vor. »Muntere mich ein bisschen auf!«

»Ich kann nicht mit dir spielen«, sagte der Fuchs. »Ich bin kein Haustier.«

»Dann entschuldige bitte«, stotterte der kleine Prinz.

Aber dann überlegte er es sich und fragte ihn:

»Was soll das heißen, ein Haustier?«

»Du bist wohl nicht von hier?«, sagte der Fuchs. »Was willst du eigentlich?«

»Ich bin auf der Suche nach den Menschen«, sagte der kleine Prinz. »Sag mir doch, was du mit einem Haustier meinst.«

»Die Menschen«, sagte der Fuchs, »haben Flinten, mit

denen sie auf die Jagd gehen. Das ist sehr ärgerlich! Außerdem züchten sie Hühner. Das ist das Einzige, was sie interessiert. Suchst du auch nach Hühnern?«

»Nein«, sagte der kleine Prinz. »Ich suche nach Freunden. Aber ich möchte wissen, was ein Haustier sein soll.«

»Ja, das wissen die meisten nicht so genau. Es geht darum, jemanden zu zähmen.«

»Zähmen?«

»Allerdings«, sagte der Fuchs. »Hör zu, du bist nur ein kleiner Junge, so wie hunderttausend andere kleine Jungen. Ich kann dich zu nichts gebrauchen, und du mich auch nicht. Für dich bin ich nur ein Fuchs wie hunderttausend andere Füchse. Aber wenn du mich zähmen würdest, wären wir aufeinander angewiesen. Dann wärst du der Einzige für mich auf der ganzen Welt, und umgekehrt …«

»Ich glaube, ich weiß, was du meinst«, sagte der kleine Prinz. »Ich kenne da nämlich eine Blume … Und ich glaube, dass die mich gezähmt hat …«

»Das kann schon sein«, sagte der Fuchs. »So was kommt auf der Erde öfter vor …«

»Aber das war nicht auf der Erde«, sagte der kleine Prinz. Das schien dem Fuchs zu imponieren.

»Wo denn dann? Auf einem anderen Planeten?«

»Ja.«

»Sag mal, gibt es auf diesem Planeten auch Jäger?«

»Nein.«

»Interessant! Und Hühner?«

»Nein.«

»Na ja, nichts auf der Welt ist wie im Paradies«, seufzte der Fuchs. Doch bald kam er wieder auf seine Überlegungen zurück:

»Mein Leben ist sehr eintönig. Ich bin hinter den Hühnern her, so, wie die Menschen hinter mir her sind. Ein Huhn ist wie das andere, und alle Menschen gleichen einander. Ich finde das langweilig. Aber wenn du mich zähmen würdest, käme mehr Licht in mein Leben. Dann würde ich hören, wenn du kommst, denn ich könnte deinen Schritt von dem aller anderen unterscheiden. Wenn ich die anderen kommen höre, muss ich mich jedes Mal in meinem Bau unter der Erde verstecken.

Aber wenn du kämst, wäre das Musik in meinen Ohren. Schau mal! Das da drüben ist ein Weizenfeld. Aber ich fresse ja kein Brot. Mit Weizen kann ich nichts anfangen. So ein Feld sagt mir nichts. Eigentlich schade! Denn es ist goldgelb. Genau wie deine Haare. Wäre es nicht schön, wenn du mich zähmen könntest? Der Weizen würde mich an dich erinnern, und jedes Mal, wenn der Wind in den Ähren rauscht, würde ich mich freuen ...«

Der Fuchs verstummte und betrachtete lange den kleinen Prinzen.

»Warum zähmst du mich nicht?«, fragte er.

»Ich möchte schon«, sagte der kleine Prinz. »Aber ich habe keine Zeit. Ich muss mich nach Freunden umsehen und noch viele neue Entdeckungen machen.«

»Nur indem man die Welt zähmt, kann man sie entdecken«, sagte der Fuchs. »Nur nehmen sich die Menschen nie genug Zeit dafür. Sie kaufen alles fertig in den Läden. Aber weil es nirgends Freunde zu kaufen gibt, haben sie keine Freunde mehr. Wenn du einen Freund suchst, brauchst du nur mich zu zähmen!«

»Und wie soll das gehen?«, fragte der kleine Prinz.

»Dazu braucht es viel Geduld«, antwortete der Fuchs. »Du musst dich hier neben mich ins Gras setzen. Aber rück mir nur nicht gleich auf den Pelz. Ich sehe dir aus den Augenwinkeln zu, und du sagst gar nichts. Das viele Reden führt nur zu Missverständnissen. Jeden Tag müsstest du mir ein bisschen näher rücken ...«

Am nächsten Tag kam der kleine Prinz wieder.

»Du hättest besser daran getan, zur selben Stunde wiederzukommen«, sagte der Fuchs. »Wenn du zum Beispiel immer um vier Uhr nachmittags kommst, dann kann ich mich um drei herum auf dich freuen. Je später es wird, desto mehr. Schon wenn es vier wird, bin ich ganz aufgeregt und ungeduldig. Ich merke dann, dass das Glück nicht umsonst zu haben ist. Aber wenn du einfach irgendwann kommst, dann wüsste ich nicht, ob mein Herz darauf gefasst wäre ... Dazu braucht es eben feste Regeln.«

»Was soll das bedeuten, feste Regeln?«, fragte der kleine Prinz.

»Das ist auch etwas, was die Menschen vergessen haben«, sagte der Fuchs. »Es ist nämlich das, was einen Tag von dem anderen und eine Stunde von der nächsten unterscheidet. Meine Jäger zum Beispiel halten sich immer daran. Jeden Donnerstag gehen sie mit den Mädchen aus dem Dorf tanzen. Das ist ein ganz besonders schöner Tag für mich! Dann brauche ich nicht aufzupassen und kann mich gehen lassen. Wenn sie aber ganz egal wann tanzen gingen, dann wäre jeder Tag wie der andere, und ich hätte nie frei.«

Und so nahm sich der kleine Prinz des Fuchses an und zähmte ihn ein wenig. Als dann die Zeit kam, da er Abschied nehmen musste, sagte der Fuchs:

»Auweh! Mir kommen die Tränen …«

»Selber schuld!«, sagte der kleine Prinz. »Ich wollte dir das nicht antun, aber du wolltest ja unbedingt, dass ich dich zähme …«

»Das stimmt«, sagte der Fuchs.

»Und jetzt wirst du jammern.«

»Stimmt«, sagte der Fuchs.

»Und was hast du jetzt davon?«

»Dass mir die Farbe des Weizens gefällt.«

Und der Fuchs sagte: »Geh zu den Rosen; dann wirst du einsehen, dass deine Blume wirklich die einzige ihrer Art auf der ganzen Welt ist. Wenn du wieder zu mir kommst, um Abschied zu nehmen, will ich dir ein Geheimnis anvertrauen.«

Und so ist es dem kleinen Prinzen bei den Rosen ergangen:

»Ihr seht meiner Rose überhaupt nicht ähnlich. Ihr habt ja keine Ahnung, weil sich niemand euer angenommen hat. Genauso ist es meinem Fuchs ergangen. Er war bloß ein x-beliebiger Fuchs wie tausend andere, aber ich bin sein Freund geworden, und seitdem ist er der einzige auf der ganzen Welt für mich.«

Die Rosen hörten das nicht gerne; es war ihnen peinlich.

»Ihr seid zwar schön, aber es ist nichts dahinter. Ihr habt niemanden, der sich für euch aufopfern würde. Mit meiner Rose ist das was anderes. Natürlich merkt einer, der zufällig vorbeikommt, nichts davon; er glaubt, sie sei genau wie ihr. Aber sie weiß genau, dass sie wichtiger ist als ihr alle, weil ich sie nämlich immer gegossen habe. Ich habe sie auch mit der Glasvase beschützt, und einen Wandschirm habe ich ihr besorgt. Sogar die Raupen habe ich ihr vom Hals geschafft und nur wegen der Schmetterlinge zwei oder drei am Leben gelassen. Und noch etwas: Ich habe zugehört, wie sie sich beschwerte und wie sie geprahlt hat. Manchmal hat sie sogar den Mund gehalten. Sie war eben *meine* Rose, und das sagt alles.«

Als er den Fuchs wiedersah, sagte er:

»Leb wohl!«

»Leb wohl«, erwiderte der Fuchs. »Willst du mein Geheimnis hören? Es ist ganz einfach: Man begreift gar nichts, wenn das Herz nicht dabei ist. Das, worauf es ankommt, ist mit bloßem Auge nicht zu sehen.«

»Das, worauf es ankommt, ist unsichtbar«, fasste der kleine Prinz zusammen, weil er sich gut merken wollte, was der Fuchs ihm sagte.

»Deine Rose ist so wichtig, weil du so viel Zeit mit ihr verschwendet hast.«

»Weil ich so viel Zeit mit ihr verschwendet habe«, wiederholte der kleine Prinz, weil er sich das gut merken wollte.

»Das haben die Menschen vergessen, weil sie keine Zeit verschwenden wollen«, sagte der Fuchs. »Denk daran! Du hast dich deiner Blume angenommen, und seitdem bist du für sie verantwortlich, und seitdem musst du dich um sie kümmern.«

»Ich muss mich um sie kümmern«, wiederholte der kleine Prinz, damit er es ja nicht vergaß.

Peter Bichsel

Mit freundlichen Grüßen

Meine Briefe enden mit freundlichen Grüßen, einer Floskel zwar, aber trotzdem, mir scheint, ich setze die Floskel mit Bedacht, auch wenn ich nicht genau weiß, was ich eigentlich mit ihr meine. Heißt das vielleicht, daß ich freundlich sein möchte, oder meint es gar ein Angebot von Freundschaft? Ich habe auch schon gezögert, die Floskel zu setzen, wenn ich weiß, daß der Empfänger den Satz gar nicht lesen wird, daß er für ihn so selbstverständlich unverständlich ist wie für mich – trotzdem, ich mag es, daß unsere Briefe freundlich enden.

Ich habe meinen Freund im Spital besucht, es ging ihm sehr schlecht, es war schlimm für mich – jetzt geht es ihm besser, mir auch. »Mein Freund«, ein eigenartiges Wort, viel zu groß für unsere kleinen Feste, die wir feiern, wenn wir uns treffen. Nein, ich glaube, wir nennen uns gegenseitig nicht so. Das Wort taugt nichts in der Einzahl, in der Mehrzahl geht es: »Meine Freunde« ist viel unverbindlicher als »mein Freund«, und »befreundet sein« heißt bereits nicht viel mehr, als sich einigermaßen zu kennen und ab und zu, meist selten, zu sehen.

Freunde haben wir zwar, und befreundet sind wir auch. Aber »mein Freund«, das hat fast etwas Kindisches.

Ja, als Kinder, damals in der Schule, da hatten wir noch einen Freund. Jeder nur einen. Und irgendwie gab es damals noch keine Mehrzahl, man hatte damals keine Freunde, man hatte einen Freund, einen einzigen. Und daß man ihn hatte, war nichts anderes als ein Beschluß, nichts anderes als eine Behauptung. Vielleicht unternahm man mit ihm gar nicht besonders viel, vielleicht hatte man zu ihm gar nicht eine besondere Beziehung – aber er war *der* Freund, ein für allemal.

Und nur noch eine Behauptung, gar nichts anderes als

eine Behauptung, war damals, als ich ein kleiner Schüler war, die Freundschaft zu einem Mädchen: Rösli K., das war eine tiefernste Liebe. Und sie beschränkte sich darauf, daß ich ihr ein kleines Zettelchen nicht etwa selbst überreichte, sondern auf komplizierten Wegen zuspielen ließ. Auf dem Zettelchen standen die Wörter: »Willst Du mich für den Schatz haben?« Auch das eine Floskel, die nur so und nicht anders heißen konnte und vielleicht nicht einmal unterschrieben war, vielleicht nicht einmal beantwortet. Aber ab nun war Rösli die Liebe. Die Behauptung hatte stattgefunden. Gesprochen hatte ich mit ihr wohl nie. Höchstens rote Ohren bekommen, wenn ich sie sah, und war unter einem Vorwand weggerannt.

Aber die reine (und vorpubertäre) Behauptung hat sich in meine Seele eingebrannt. Sie ist noch da. Ich habe Rösli nach unserer Schulzeit nie mehr gesehen. Aber sie ist noch da – nicht das Rösli, aber die Behauptung Rösli, der Beschluß Rösli. So ernsthaft können wohl nur Kinder sein.

Oder die beiden jungen Frauen im Coffee-Shop in New York, Studentinnen wohl. Ich frühstückte da ab und zu. Sie kannten meine Bestellung zum voraus und brachten mir die Rühreier und die wunderbar schlechten Bratkartoffeln – ich versuche seit Jahren zu Hause so schlechte Bratkartoffeln zu machen, sozusagen als gute Erinnerung, es gelingt mir nicht. Die beiden Frauen waren sehr freundlich, zwei strahlende Wesen, aber mehr als »Guten Tag«, »Danke schön« und »Bitte schön« sprachen wir nicht miteinander. Eines Morgens nun standen die beiden da mit verweinten Augen, brachten schluchzend die Eier und den Kaffee, und ich wußte in meiner Hilflosigkeit nichts anderes zu sagen als: »Can I help you?« – »Kann ich Ihnen helfen?« »Nein«, bekam ich zur Antwort, »Elvis ist tot.«

Das machte mich sprachlos. Zwei intelligente Wesen weinten hier um einen dicklichen Schnulzensänger. Sehr wahrscheinlich hatten auch sie mal als kleine Kinder beschlossen und behauptet, ihn zu lieben. Ich ging in den nächsten Plattenladen, kaufte mir zwei Presley-Platten, ging nach Hause und hörte ihn den ganzen Tag – eigentlich bewundernd, und nach und nach ging mir sein Tod nahe: Hier war einer gestorben, der von zwei Frauen geliebt wurde.

Ich habe meinen Freund im Spital besucht, ich habe um ihn gezittert. Er hat überlebt – erst jetzt weiß ich, was ich verloren hätte, ich wische eine Träne vom Auge. Wie lange kennen wir uns schon? 43 Jahre! Aber seit wann eigentlich sind wir Freunde? Irgendeinmal muß uns wohl – unausgesprochen – diese kindliche Behauptung noch einmal gelungen sein: »Willst du mein Freund sein?«

Franz Grillparzer

In ein Stammbuch

Dem nur blühet wahres Glück
Den auf seinem Pfade Freundschaft leitet.
Was es seinen Lieblingen bereitet,
Gab dir alles das Geschick.
Eins nur ist zu geben mir geblieben
Und dies einzige biet ich dir an:
Eine Seele, die dich innig lieben
Und dir Freundschaft geben kann.

Wer ist ein Freund?

»Der Freund vermag eine Wüste in ein Paradies zu verwandeln, aber auch ein Paradies in eine Wüste.«

Zenta Maurina

Friedrich von Logau

Kennzeichen eines rechten Freundes

F rei.
R edlich.
E hrlich.
U nverdrossen.
N amhaft.
D emütig.
Ein Freund, der Freund sein soll, soll sein zugleiche frei,
Daß sagen er dir darf, was dir zu sagen sei.
Ein Freund, der Freund sein soll, der soll dich redlich meinen;
Soll innen sein nicht so und so von außen scheinen.
Ein Freund, der Freund sein soll, soll ehrlich sein für sich,
Damit er nicht zugleich beschäme sich und dich.
Ein Freund, der Freund sein soll, der soll sein unverdrossen,
Daß du habst seiner so, wie deiner selbst genossen.
Ein Freund, der Freund sein soll, soll namhaft gleichwohl sein;

Denn deines Freundes Ruhm hilft deinem Namen ein.
Ein Freund, der Freund sein soll, der soll der Demut pflegen
Und deinen Pfennig dir so hoch wie seinen legen.
Wer solchen Freund bekümmt, hat keinen schlechten Freund;
Er wird nicht viel gehabt; er wird nur oft vermeint.

Matthias Claudius

Von der Freundschaft

Ich habe Dir in der vorigen Lektion die Feindschaft erklärt, und wie man dazu gelangen könne, und wann ein ehrlicher Kerl sie nicht scheuen müsse. Heute von der Freundschaft. Von der spricht einer: sie sei überall; der andre: sie sei nirgends; und es steht dahin, wer von beiden am ärgsten gelogen hat.

Wenn Du Paul den Peter rühmen hörst, so, wirst Du finden, rühmt Peter den Paul wieder, und das heißen sie denn Freunde. Und ist oft zwischen ihnen weiter nichts, als daß einer den andern kratzt, damit er ihn wieder kratze und sie sich so einander wechselweise zu Narren haben; denn wie Du siehst, ist hier, wie in vielen andern Fällen, ein jeder von ihnen nur sein eigner Freund und nicht des andern. Ich pflege solch Ding »Holunder-Freundschaften« zu nennen. Wenn Du einen jungen Holunderzweig ansiehst, so sieht er fein stämmig und wohl gegründet aus; schneidest Du ihn aber ab, so ist er inwendig hohl und ist so ein trocken schwammig Wesen darin. So ganz rein geht's hier freilich selten ab, und etwas Menschliches pflegt sich wohl mit einzumischen, aber das erste Gesetz der Freundschaft soll doch sein: daß einer des andern Freund sei.

Und das zweite ist, daß Du's von Herzen seist und Gutes und Böses mit ihm teilest, wie's vorkömmt. Die Delikatesse, da man den und jenen Gram allein behalten und seines Freundes schonen will, ist meistens Zärtelei; denn eben darum ist er Dein Freund, daß er mit untertrete und es Deinen Schultern leichter mache.

Drittens laß Du Deinen Freund nicht zweimal bitten. Aber, wenn's not ist und er helfen kann, so nimm Du auch kein Blatt vor's Maul, sondern gehe und fordre frisch heraus, als ob's so sein müßte und gar nicht anders sein könnte.

Hat Dein Freund etwas an sich, das nicht taugt; so mußt Du ihm das nicht verhalten und es nicht entschuldigen gegen ihn. Aber gegen den dritten Mann mußt Du es verhalten und entschuldigen. Mache nicht schnell jemand Deinen Freund, ist er's aber einmal, so muß er's gegen den dritten Mann mit allen seinen Fehlern sein. Etwas Sinnlichkeit und Parteilichkeit für den Freund scheint mit zur Freundschaft in dieser Welt zu gehören. Denn wolltest

Du an ihm nur die wirklich ehr- und liebenswürdigen Eigenschaften ehren und lieben, wofür wärst Du denn sein Freund; das soll ja jeder wildfremde unparteiische Mann tun. Nein, Du mußt Deinen Freund mit allem, was an ihm ist, in Deinen Arm und in Deinen Schutz nehmen; das Granum Salis versteht sich von selbst, und daß aus einem Edlen kein Unedles werden müsse.

Es gibt eine körperliche Freundschaft. Nach der werden auch zwei Pferde, die eine Zeitlang beisammen stehen, Freunde und können eins des andern nicht entbehren. Es gibt auch sonst noch mancherlei Arten und Veranlassungen. Aber eigentliche Freundschaft kann nicht sein ohne Einigung; und wo die ist, da macht sie sich gern und von selbst. So sind Leute, die zusammen Schiffbruch leiden und die an eine wüste Insel geworfen werden, Freunde. Nämlich das gleiche Gefühl der Not in ihnen allen, die gleiche Hoffnung und der eine Wunsch nach Hilfe einigte sie; und das bleibt oft ihr ganzes Leben hindurch. Einerlei Gefühl, einerlei Wunsch, einerlei Hoffnung einigt; und je inniger und edler dies Gefühl, dieser Wunsch und diese Hoffnung sind, desto inniger und edler ist auch die Freundschaft, die daraus wird.

Aber, denkst Du, auf diese Weise sollten ja alle Menschen auf Erden die innigsten Freunde sein? Freilich wohl! Und es ist meine Schuld nicht, daß sie es nicht sind.

Postskript. Es gibt einige Freundschaften, die im Himmel beschlossen sind und auf Erden vollzogen werden.

Ágnes Heller

Gleichheit

Gleichheit ist eine quantitative Bestimmung, Liebe und Freundschaft sind aber nicht-quantifizierbare Bindungen. Gleichheit ist die Kategorie der Geschäftskontakte. In der Freundschaft gibt es aber keine Geschäftskontakte. Dort gibt es nur Schenken. (…) In Freundschaft und Liebe gibt es kein »mein« und »dein«. Was in der bürgerlichen Welt die Menschen trennt, vereinigt dieselben in der Freundschaft. Freundschaft ist kein weniger reziprokes Verhältnis als der Kontrakt. Aber sie ist die höchste Form der Reziprozität. Sie ist die Reziprozität des Wesentlichen.

Hans Aßmann von Abschatz

Das Glücke wendet sich, der Ehre Rauch verschwindet,
Man kömmt um Geld und Gut, das schöne Weib wird alt,
Ein Freund bleibt wie er ist. Nicht Alter, noch Gewalt,
Nicht Neid noch Glücke trennt, was Lieb und Treue bindet:
Was die Natur verknüpft, wird oftermals zerrissen,
Was Freundschaft feste macht, wird ewig halten müssen.

Äsop

Die Wanderer und der Bär

Zwei Freunde gingen denselben Weg. Als vor ihnen ein Bär auftauchte, entkam der eine vorher, stieg auf einen Baum und versteckte sich dort; der andere aber, der gepackt zu werden drohte, ließ sich zu Boden fallen und stellte sich tot. Während der Bär ihm mit der Schnauze nahekam und herumschnüffelte, hielt er den Atem an; denn man sagt, das Tier rühre keinen Toten an. Sobald der Bär sich entfernt hatte, stieg der andere vom Baum herab und fragte seinen Freund, was der Bär ihm ins Ohr gesagt habe. Der antwortete: »Ich soll in Zukunft nicht mit solchen Freunden zusammen einen Weg gehen, die in Gefahren nicht da bleiben.«

Die Fabel zeigt, daß Notlagen die wahren Freunde erkennen lassen.

Matt Haig

Freund: Jemand, der dir die Wahrheit sagt. Wird oft mit Feind verwechselt.

Arthur Schopenhauer

Lebensregel Nr. 47

Zu dem, *was man hat*, gehören hauptsächlich *Freunde*. Doch hat dieser Besitz das eigene, daß der Besitzende im selben Maße der Besitz des andern sein muß. In einem Stammbuch der Könige von Sachsen aus dem 17. Jahrhundert, welches im Jagdschloß Moritzburg liegt, von irgendeinem damaligen Edelmann hingeschrieben:

Amour véritable
Amitié durable
Et tout le reste au diable.

(Wahre Liebe,
unerschütterliche Freundschaft,
und zum Teufel mit dem ganzen Rest.)

Friedrich Rückert

Dein wahrer Freund ist nicht,
wer dir den Spiegel hält der Schmeichelei,
worin dein Bild dir selbst gefällt.
Dein wahrer Freund ist,
wer dich sehn lässt deine Flecken
und sie dir tilgen hilft,
eh' Feinde sie entdecken.

Friedrich von Logau

Geschminkte Freundschaft

Hände küssen, Hüte rücken,
Kniee beugen, Häupter bücken,
Worte schrauben, Rede schmücken,
Wer, dass diese Gaukelei,
Meinet, rechte Freundschaft sei,
Kennet nicht Betrügerei.

Wilhelm Busch

Die Freunde

Zwei Knaben, Fritz und Ferdinand,
Die gingen immer Hand in Hand,
Und selbst in einer Herzensfrage
Trat ihre Einigkeit zutage.

Sie liebten beide Nachbars Käthchen,
Ein blondgelocktes kleines Mädchen.

Einst sagte die verschmitzte Dirne:
Wer holt mir eine Sommerbirne,
Recht saftig, aber nicht zu klein?
Hernach soll er der Beste sein.

Der Fritz nahm seinen Freund beiseit
Und sprach: Das machen wir zu zweit;
Da drüben wohnt der alte Schramm,
Der hat den schönsten Birnenstamm;
Du steigst hinauf und schüttelst sacht,
Ich lese auf und gebe acht.

Gesagt getan. Sie sind am Ziel.
Schon als die erste Birne fiel,
Macht Fritz damit sich aus dem Staube,
Denn eben schlich aus dunkler Laube,
In fester Faust ein spanisch Rohr,
Der aufmerksame Schramm hervor.

Auch Ferdinand sah ihn beizeiten
Und tät am Stamm heruntergleiten
In Ängstlichkeit und großer Hast;
Doch eh er unten Fuß gefaßt,
Begrüßt ihn Schramm bereits mit Streichen,
Als wollt' er einen Stein erweichen.

Der Ferdinand, voll Schmerz und Hitze,
Entfloh und suchte seinen Fritze.

Wie angewurzelt blieb er stehn.
Ach hätt' er es doch nie gesehn:
Die Käthe hat den Fritz geküßt,
Worauf sie eine Birne ißt.

Seit dies geschah, ist Ferdinand
Mit Fritz nicht mehr so gut bekannt.

Freundschaft und Liebe, passt das zusammen?

»In der Freundschaft muss ein Funken von Liebe, in der Liebe eine Ader der Freundschaft sein.«

Novalis

Friedrich Schiller

Heute vor fünftausend Jahren hatte Zeus die unsterblichen Götter auf dem Olympus bewirtet. Als man sich niedersetzte, entstand ein Rangstreit unter den drei Töchtern Jupiters. Die Tugend wollte der Liebe vorangehen, die Liebe der Tugend nicht weichen, und die Freundschaft behauptete ihren Rang vor beiden. Der ganze Himmel kam in Bewegung, und die streitenden Göttinnen zogen sich vor den Thron des Saturnius.

»Es gilt nur ein Adel auf dem Olympus«, rief Chronos' Sohn, »und nur ein Gesetz, wonach man die Götter richtet. Der ist der erste, der die glücklichsten Menschen macht.«

»Ich habe gewonnen«, rief triumphierend die Liebe. »Selbst meine Schwester, die Tugend, kann ihren Lieblingen keine größere Belohnung bieten als mich – und ob ich Wonne verbreite, das beantworte Jupiter und alle anwesende unsterbliche Götter.«

»Und wie lange bestehen deine Entzückungen?« unterbrach sie ernsthaft die Tugend. »Wen ich mit der unverwundbaren Ägide beschütze, verlacht selbst das furchtbare Fatum, dem auch sogar die Unsterblichen huldigen. Wenn du mit dem Beispiel der Götter prahlst, so kann ich es auch – der Sohn des Saturnus ist sterblich, sobald er nicht tugendhaft ist.«

Die Freundschaft stand von ferne, und schwieg.

»Und du, kein Wort, meine Tochter?« rief Jupiter. – »Was wirst du deinen Lieblingen Großes bieten?«

»Nichts von dem allen«, antwortete die Göttin, und wischte verstohlen eine Träne von der errötenden Wange.

»Mich lassen sie stehen, wenn sie glücklich sind, aber sie suchen mich auf, wenn sie leiden.«

»Versöhnet euch, meine Kinder«, sprach jetzt der Göttervater. »Euer Streit ist der schönste, den Zeus je geschlichtet hat, aber keine hat ihn verloren. Meine männliche Tochter, die Tugend, wird ihre Schwester Liebe Standhaftigkeit lehren, und die Liebe keinen Günstling beglücken, den die Tugend ihr nicht zugeführt hat. Aber zwischen euch beide trete die Freundschaft und hafte mir für die Ewigkeit dieses Bundes.«

Beilage zum Hochzeitsbrief für Christian Gottfried und Minna Körner

Achim von Arnim

Freundschaft

Der Blinde schleicht am Wanderstabe,
Weiß nicht, daß schon die Sonn' im Meer,
Er trägt an seiner Last so schwer,
Die Last ist seine letzte Habe.

Er trägt so treu zum sichern Grabe
Den Knaben, der ihn führt' bisher,
Der fiel, denn Hunger drückt so schwer,
Der bettelte für ihn um Gaben.

Wird er den sichern Schoß nun finden,
Der seinen Liebling sanft umfaßt?
Doch was uns liebt und was uns haßt,
Kann sich dem Blinden auch verkünden.

»Ich trug der Einsamkeit Vertraute,
Die Laut', zerschmettert noch mit mir,
Mein Herz war träumend ganz in ihr,
Als ich vor mir ein Mädchen schaute.

Die sang vor sich, und meine Laute
Tönt' heller wider aus dem Mund,
Er tat mir alles wieder kund,
Ich hörte wieder die Vertraute.

Der Laute Ton ist heller funden,
Ich fingre prüfend um den Hals,
Ich freue mich des süßen Schalls,
Und heller schlagen mir die Stunden.

Den Finger legt sie auf mein Auge,
Ein Wunder tut der Liebe Hand,
Gar herrlich scheinet nun das Land,
Durch tiefe Nächte kann ich schauen.

Die Laute ist mir da entfallen,
Ganz still im Gras sie liegen blieb,
Wem alle Welt einmal nicht lieb,
Wird tröstend in die Hand sie fallen.«

So ist der Freundschaft ahndend Wesen,
Daß sie in sich zurücke tritt,
Wenn sie gehört der Liebe Tritt,
Sonst wär' es Freundschaft nicht gewesen.

Friedrich Schlegel

Freundschaft ist partiale Ehe, und Liebe ist Freundschaft von allen Seiten und nach allen Richtungen, universelle Freundschaft. Das Bewußtsein der notwendigen Grenzen ist das Unentbehrlichste und das Seltenste in der Freundschaft.

Adelbert von Chamisso

Das Lied von der Freundschaft

Töricht ist's dem sanften Glühen,
Das die Freundschaft mild erregt,
Jene Wunden vorzuziehen,
Die die Liebe grausam schlägt.
Liebe nimmer uns erscheine,
Freundschaft bleib' uns zugewandt!
Wer verlässt Italiens Haine
Für Arabiens heißen Sand?

Für das flüchtige Entzücken,
Das die Liebe sparsam bringt,
Wie viel Qualen uns durchzücken,
Welcher Schrecken uns umringt!
Liebe mag die Blicke weiden,
Wenn ihr Opfer sinkt ins Grab;
Freundschaft nahet sich dem Leiden,
Trocknet ihm die Tränen ab.

Drum der Liebe bangen Schmerzen,
Ihrer Trunkenheit entflohn,
Woll'n der Freundschaft wir die Herzen
Reichen uns zu schönerm Lohn.
Uns die Freundschaft zu versüßen
Noch mit einer schönern Zier.
Lass mich dich als Bruder grüßen,
Gib den Schwesternamen mir!

Freundschaft ist ein Knotenstock auf Reisen,
Lieb' ein Stäbchen zum Spazierengehn.

Jean Cocteau

Liebe beruht auf Spasmen. Enttäuschen uns diese Spasmen, schwindet die Liebe dahin. Es geschieht nur selten, daß sie die Probe überdauert und zur Freundschaft wird. Freundschaft zwischen Mann und Frau ist schwierig und, genau genommen, eine Abart der Liebe. Eine Verkleidung der Eifersucht. Freundschaft ist ein friedlicher Spasmus. Ohne Besitzgier. Das Glück eines Freundes beglückt uns. Es verdoppelt uns. Es entzieht uns nichts. Was daran Anstoß nimmt, ist nicht Freundschaft. Es ist Liebe, die sich verheimlicht.

Kurt Tucholsky

Frauen von Freunden

Frauen von Freunden zerstören die Freundschaft.
Schüchtern erst besetzen sie einen Teil des Freundes,
nisten sich in ihm ein,
warten,
beobachten, und nehmen scheinbar Teil am
Freundesbund.

Dies Stück des Freundes hat uns nie gehört –
wir merken nichts.
Aber bald ändert sich das:
Sie besetzen einen Hausflügel nach dem andern,
dringen tiefer ein,
haben bald den ganzen Freund.

Der ist verändert; es ist, als schäme er sich seiner
Freundschaft.
So, wie er sich früher der Liebe vor uns geschämt hat,
schämt er sich jetzt der Freundschaft vor ihr.
Er gehört uns nicht mehr.
Sie steht nicht zwischen uns – sie hat ihn weggezogen.

Er ist nicht mehr unser Freund:
er ist ihr Mann.

Eine leise Verletzlichkeit bleibt übrig.
Traurig blicken wir ihm nach.

Die im Bett behält immer recht.

Keto von Waberer

Freunde

Der neue Mann? Nein, ich spreche nicht von der Schimäre, die sich aus Frauenmagazinartikeln, Trendumfragen und Männerrezeptbüchern zusammensetzt. Ich spreche von meiner Freundin Ulla, die ihren neuen Mann mitbringen will, zum Abendessen. Er ist 3 Wochen alt. Man kann es ihr nicht abschlagen. Ihre Stimme hat ein Vibrato, das einen wissen läßt, sie ist im Liebesrausch auf Ebene 10 und hat keine Bodenberührung mehr. Es soll Curry geben. Die alten Freunde werden zusammenhocken und sich die Nase begießen, und nun soll der neue Mann da mit reingestopft werden. Ulla muß ihr Glück der Welt vorführen, also uns, also gut, also natürlich, bring ihn mit, hoffentlich ist er nicht allergisch gegen Kurkuma oder Chili.

Und da sitzt er, neben Ulla, und sein Hemd steht offen bis zum Nabel, und über seinem Brustbein im goldenen Haar baumelt ein goldener Penis mit Flügeln. Seine linke Hand unterm Tisch auf Ullas Knie. Ullas Curry auf dem Teller, ungegessen. Ihre Augen auf seinen mahlenden Kiefern. Unsere Augen auf seinen curryfarbenen Lippen. Er spricht und spricht. Ulla sieht aus, als schreibe sie in Gedanken alles mit. Currykochen hat er in Indien gelernt von einem kleinen fetten Mann, der Wasser verkaufte. Aber leben möchte er doch eher auf Haiti oder in Miami oder in Santo Domingo. Er ist sich noch nicht schlüssig. Wir alle nehmen teil an den Gedanken, die er sich zu diesem Thema macht. Unten am Tisch fängt die Aufmerksamkeit an abzubröckeln. Wir sind jetzt beim Segeln in einem Katamaran. Das hat ihm ein kleiner dicker Mann in Florida beigebracht, der Schuhe verkaufte. Ulla ruft ans Tischende, wo jemand angefangen hat, über Fußball zu reden, man solle jetzt zuhören. Es käme die Geschichte, wie er vor El Popo Schiffbruch erlitten habe, das könne sie immer wieder hören. Wir hören es dann auch. Jemand, beherzt, möchte das Gespräch kühnerweise auf Abtreibung bringen, eine Frau natürlich. Die Indios im Amazonasgebiet haben eine Pflanze, mit der man … eine kleine dicke Frau hat es ihm gezeigt, sie …

Als Ulla mit ihm abzieht, so stolz, als führe sie den Preisterrier einer Hundeausstellung an der Leine, flüstert sie mir zu: »Ist er nicht göttlich?« Wir alle bleiben zurück mit einer gewissen Wehmut. Wir denken an Eggbert, Ullas Verflossenen, der immer beim Nachtisch einschlief. Herrgott, war der Mann gemütlich, sympathisch. Wir bleiben zurück, alle geknickt. Es ist ernst. Wir werden Ulla verlieren, und sie uns. Oder wird sich's geben? Oder werden wir ihn lieben lernen?

Damals, als Rose diesen fürchterlichen Fernsehredakteur anbrachte, haben wir um sie gekämpft. Wir glaubten noch ans Diskutieren, wollten ihr die Augen öffnen, das ging daneben. Seine Ära währte ein ganzes Jahr – ohne Rose, was uns betrifft. Dann kehrte sie zurück. Sagen dürfen wir immer noch nichts über diesen Tortenarsch. Sie bringt nie mehr jemanden mit. Vielleicht ist das besser so. Ich weiß nicht, was los ist in letzter Zeit mit den Damen in meiner Umgebung. »Vielleicht sind das ja so Emanzipationsversuche«, sagt Harald, unser Ausbügler. »Vielleicht erleben sie die Clique als Familie und lehnen sich gegen unser Urteil auf.« Vielleicht ist da was dran: Helge jedenfalls, den man uns kurz nach einer grausigen Scheidung brachte, d. h. Hilla schleppte ihn an, und er gefiel uns allen, obwohl er fast nichts sprach und sich Haare ausriß beim Vor-sich-hin-Starren, Helge, also der mochte uns nicht. D. h. Hilla brachte ihn nie mehr mit und kam selber immer seltener. Er sei ein Eigenbrötler, sagte sie. Wir wären ihm zu laut, sagte sie. Hilla war die, die von uns am besten kochte, sie fehlt uns bis heute.

Vielleicht machen wir was falsch. Es gibt Vorschläge, Neuzugänge erst an Einzelpersonen zu testen. Aber wo soll das hinführen? »Zusammenraufen müsse man sich«, ruft jemand. »Die Arroganz lassen«, schlägt ein anderer vor. »Eingehen auf ...« – »Nachfragen ...« – »Kein Vorurteil haben ...« Wir sind ratlos. Heute abend will Peter seine neue Frau mitbringen. Es gibt Spaghetti. Er sagt, er wisse nicht, ob er essen könne, er habe seit ein paar Tagen einen nervösen Magen. Kommen tut er auf alle Fälle. Und seine neue Frau brennt darauf, uns kennenzulernen. Also.

Heinrich Heine

Schaff mich nicht ab

Schaff mich nicht ab, wenn auch den Durst
Gelöscht der holde Trunk;
Behalt mich noch ein Vierteljahr,
Dann hab ich auch genung.

Kannst du nicht mehr Geliebte sein,
Sei Freundin mir sodann;
Hat man die Liebe durchgeliebt,
Fängt man die Freundschaft an.

Vom Umgang mit Freunden

»Ich möchte Freundschaften nicht wie Mimosen behandeln, sondern mit der strikten Courage. Wenn sie etwas taugen, sind sie weder zerbrechliches Glas noch Eisblumen, sondern das Solideste, was sich denken lässt.«

Ralph Waldo Emerson

Adolph Freiherr von Knigge

Über den Umgang unter Freunden

Da bei dem Betragen gegen unsre Freunde alles auf die Wahl derselben ankommt, so muß ich zuerst einige Bemerkungen über diesen Gegenstand vorausschicken. Keine freundschaftlichen Verbindungen pflegen dauerhafter zu sein als die, welche in der frühern Jugend geschlossen werden. Man ist da noch weniger mißtrauisch, weniger schwierig in Kleinigkeiten; das Herz ist offner, geneigter sich mitzuteilen, sich anzuschließen; die Charaktere fügen sich leichter zusammen; man gibt von beiden Seiten nach und setzt sich in gleiche Stimmung; man erfährt miteinander so manches, erinnert sich der sorglosen, gemeinschaftlich vollbrachten glücklichen Jugendjahre und rückt mit gleichen Schritten in Kultur und Erfahrung fort. Dazu kommen dann Gewohnheit und Bedürfnis; wird einer aus dem vertrauten Zirkel durch die Hand des Todes dahingerissen, so kettet das die übrigbleibenden Gefährten um desto fester aneinander. – Ganz anders sieht es aus in reifern Jahren. Von Menschen und Schicksalen vielfältig getäuscht, werden wir verschlossner, trauen nicht so leicht; das Herz steht unter der Vormundschaft der Vernunft, die genauer abwägt und sich selbst Rat zu schaffen sucht, bevor sie sich andern anvertraut. Man fordert mehr, ist ekler in der Wahl, nicht mehr so lüstern nach neuen Bekanntschaften, wird nicht so lebhaft betroffen von glänzenden Außenseiten; man hat echtre Begriffe von Vollkommenheit, von dauerhaften Bündnissen, vom Nutzen und Schaden einer gänzlichen Hingebung; der Charakter ist fester; die Grundsätze sind auf Systeme zurückgeführt, in welche die Gesinnungen und Theorien eines einst fremden Menschen selten passen; folglich wird es schwerer, eine dauerhafte Harmonie zustande zu bringen, und endlich sind wir in so manche Geschäfte und Verbindungen verflochten, daß wir kaum Muße und wenigstens selten Drang haben, neue zu schließen. Also vernachlässige man seine Jugendfreunde nicht; und wenn auch Schicksale, Reisen und andre Umstände uns in der Welt umhergetrieben und von unsern Gespielen getrennt haben, so suche man doch jene alten Bande wieder anzuknüpfen, und man wird selten übel dabei fahren.

Es ist ein ziemlich allgemein angenommener Grundsatz, daß zu vollkommner Freundschaft Gleichheit des Standes und der Jahre erfordert werde. Die Liebe, sagt man, sei blind; sie feßle durch unerklärbaren Instinkt Herzen aneinander, die dem kalten Beobachter gar nicht füreinander geschaffen zu sein schienen, und da sie nur durch Gefühle, nicht durch Vernunft geleitet werde, so fallen bei ihr alle Rücksichten des Abstandes, den äußere Umstände erzeugen, weg. Die Freundschaft hingegen beruhe auf Harmonie in Grundsätzen und Neigungen; nun aber habe jedes Alter sowie jeder Stand seine ihm eigene Stimmung, nach der Verschiedenheit der Erziehung und Erfahrungen, und desfalls finde unter Personen von ungleichen Jahren und ungleichen bürgerlichen Verhältnissen keine so vollkommne Harmonie statt, als zu Knüpfung des Freundschaftsbandes erfordert werde.

Diese Bemerkungen enthalten viel Wahres, doch habe ich schon zärtliche und dauerhafte Freundschaften unter Leuten wahrgenommen, die weder dem Alter noch dem Stande nach sich ähnlich waren (...) Das ist aber zuverlässig gewiß, daß zu einer dauerhaften, innigen Freundschaft Gleichheit in Grundsätzen und Empfindungen erfordert wird, und daß dieselbe auch bei einer zu großen Verschiedenheit in Fähigkeiten und Kenntnissen nicht leicht Platz finden kann. Fällt nicht eine der höchsten Glückseligkeiten bei solcher Verbindung, die Austauschung von Ideen und Meinungen, die Mitteilung verschwisterter Gefühle, die Berichtigung dunkler Ahnungen und Zurechtweisung in wichtigen Fällen alsdann weg, wenn unser Freund sich durchaus nicht in unsre Lage hineindenken kann, wenn ihm unsre Empfindungen gänzlich fremd sind? (...)

Allein selbst unter den Menschen, die Dir an Stand, Vermögen, Alter und Fähigkeiten gleich sind, rechne nur auf die dauerhafte Freundschaft derer, die nicht von unedlen, heftigen oder törichten Leidenschaften beherrscht, noch wie ein Wetterhahn von Launen und Grillen hin und her getrieben werden. Wer rastlos rauschenden Freuden und Zerstreuungen sich ergibt; wer wilden Begierden, der Wollust, dem Trunke, dem vermaledeieten Spiele alles aufopfert; wessen Abgott falsche Ehre, Gold oder sein eigenes Ich ist; wer, wankelmütig in Grundsätzen und Meinungen, einen Charakter hat, der sich wie Wachs von jedem in jede Form drücken läßt, der mag vielleicht ein guter Gesellschafter, aber nie wird er ein beständiger, treuer Freund sein. Sobald es auf Verleugnung, Aufopferung, auf Beharrlichkeit und Festigkeit ankommt, wird ein solcher Dich im Stiche lassen; Du wirst allein dastehn und Dich hintergangen glauben, da doch Du allein Dich betrogen, indem Du unvorsichtig gewählt hast. Überhaupt ist es in dieser Welt so oft der Fall, daß unsre Phantasie uns die Menschen malt, wie wir gern möchten, daß sie aussehn sollten, und es nachher sehr übelnimmt, wenn sie gewahr wird, daß die Natur nicht das Original dem Gemälde gleich geschaffen hat.

Man pflegt zu sagen: das sicherste Mittel, Freunde zu haben, sci – keiner Freunde zu *bedürfen*; aber jeder Mensch von Gefühl *bedarf* Freunde – und sollte es denn wirklich so schwer sein, in dieser Welt treue Freunde zu finden? Ich meine, nicht halb so schwer, als man gewöhnlich glaubt. Unsre empfindsamen jungen Herrn schaffen sich nur zu überspannte Begriffe von der Freundschaft. Freilich, wenn wir gänzliche Hingebung, unbedingte Aufopfrung, Verleugnung alles eigenen Interesses in höchst kritischen Augenblicken, blinde Ergreifung unsrer Partei gegen eigene bessere Überzeugung, sogar Bewundrung unsrer Fehler, Billigung unsrer Torheiten, Mitwirkung bei unsern leidenschaftlichen Verirrungen – mit einem Worte, wenn wir mehr von unsern Freunden fordern, als Billigkeit und Gerechtigkeit von Menschen verlangen darf, die Fleisch und Bein sind und freien Willen haben, so werden wir nicht leicht unter tausend Wesen eines finden, das sich so gänzlich in unsre Arme würfe. Suchen wir aber verständige Menschen, deren Hauptgrundsätze und Gefühle mit den unsrigen übereinstimmen, kleine unmerkliche Verschiedenheiten abgerechnet; Menschen, die Freude finden an dem, was uns freut; die uns lieben, ohne von uns bezaubert, das Gute in uns schätzen, ohne blind gegen unsre Schwächen zu sein; die uns im Unglücke nicht verlassen, uns in guten und redlichen Dingen treu und standhaft beistehen, uns trösten, aufrichten, tragen helfen, uns, wo es höchst nötig ist und wir dessen wert sind, alles aufopfern, was man ohne Verletzung seiner Ehre und der Gerechtigkeit gegen sich selbst und die Seinigen aufopfern darf, uns die Wahrheit nicht verhehlen, uns aufmerksam auf unsre

Mängel machen, ohne uns vorsätzlich zu beleidigen, uns allen andern Menschen vorziehen, insofern es ohne Unbilligkeit geschehen kann – suchen wir ernstlich solche, nun, so finden wir deren gewiß – viele? nein! Das sage ich nicht, aber doch wohl ein paar für jeden Biedermann – und was braucht man mehr in dieser Welt?

Hast Du nun einen solchen treuen Freund gefunden, so bewahre ihn auch! Halte ihn in Ehren, auch dann, wenn das Glück Dich plötzlich über ihn erhebt, auch da, wo Dein Freund nicht glänzt, wo Deine Verbindung mit ihm durch die Stimme des Volks nicht gerechtfertigt zu werden scheint. Schäme Dich nie Deines ärmern, weniger hochgeschätzten Freundes. Beneide nicht den Dir vorgezogenen Freund. Hänge fest an ihm, ohne ihm lästig zu werden. Fordre nicht mehr von ihm, als Du selbst leisten würdest, ja, fordre nicht einmal so viel, wenn Dein Freund nicht in allen Stücken mit Dir einerlei lebhaftes Temperament, einerlei Fähigkeiten, einerlei Grad von Empfindnis hat. Ergreife warm und eifrig die Partei Deines Freundes, aber nicht auf Unkosten der Gerechtigkeit und Redlichkeit. (...)

Freunde, die uns in der Not nicht verlassen, sind äußerst selten. – Sei Du einer dieser seltenen Freunde! Hilf, rette, wenn Du es vermagst, opfre Dich auf – nur vergiß nicht, was Klugheit und Gerechtigkeit gegen Dich und andre von Dir fordern. Aber tobe nicht, klage nicht, wenn andre nicht ein Gleiches für Dich tun. Nicht immer herrscht böser Willen bei ihnen. (...)

Klagt Dir ein Freund seine Not, seine Schmerzen so höre ihn mit Teilnehmung an. Halte Dich nicht mit moralischen Gemeinsprüchen auf, mit Bemerkungen über das, was anders hätte sein und was er hätte vermeiden können, da es doch einmal nicht anders ist. Hilf, wenn Du es vermagst, tröste und verwende alles, was ihm Linderung geben kann, aber verzärtle ihn nicht an Leib und Seele durch weibische Klagen. Erwecke vielmehr seinen männlichen Mut, daß er sich erhebe über die nichtigen Leiden dieser Welt. Schmeichle ihm nicht mit falschen Hoffnungen, mit Erwartungen eines blinden Ungefährs, sondern hilf ihm, Wege einschlagen, die eines weisen Mannes würdig sind. (...)

Jede Art von schädlicher Schmeichelei muß im Umgange unter echten Freunden wegfallen, nicht aber eine gewisse Gefälligkeit, die das Leben süß macht, Nachgiebigkeit und Geschmeidigkeit in unschuldigen Dingen. Es gibt Menschen, deren Zuneigung man augenblicklich verloren hat, sobald man aufhört, ihnen Weihrauch zu streun, sobald man nicht in allen Dingen einerlei Meinung mit ihnen ist, einerlei Geschmack mit ihnen hat. In ihrer Gegenwart darf man den größten Vorzügen andrer Leute ja nicht Gerechtigkeit widerfahren lassen. Gewisse Saiten kann man gar nicht berühren, ohne sie aufzubringen. Haben sie eine Torheit begangen; sind sie blindlings eingenommen für oder gegen eine Sache, für oder gegen eine Person; werden sie von Phantasie oder Leidenschaft irregeleitet; haben sie unanständige oder schädliche Gewohnheiten an sich; findet man in ihrer Art zu leben und zu wirtschaften etwas mit Grunde auszusetzen und man untersteht sich, hierüber etwas zu sagen, so schlägt das Feuer allerorten heraus. (...) – Alle solche weichgekochte Seelen taugen nicht zur Freundschaft. Man muß das Herz haben, Wahrheit zu sagen und Wahrheit anzuhören, auch dann, wenn diese Wahrheit hart ist und unser Innerstes erschüttert. (...)

Bleibe aber immer, auch in der Entfernung, ein warmer Freund Deiner Freunde, sonst scheint es, als habest Du aus Eigennutz, um den Genuß ihrer Unterhaltung zu schmekken, Dich an sie geschlossen. Sei nicht so nachlässig im Briefwechsel mit ihnen, als wohl manche Menschen es sind. Wie leicht ist nicht ein Zettelchen beschrieben! Wer hat so viele Geschäfte, daß ihm nicht täglich wenigstens eine Viertelstunde frei bliebe? Wie erfreulich für einen entfernten Freund und wie wohltuend für uns selbst können aber nicht oft ein paar zärtliche, tröstliche Zeilen sein. Ich lasse auch die Entschuldigung nicht gelten, daß man zuweilen lange Zeit hindurch gar nicht gestimmt sei, seine Gedanken in Ordnung auf das Papier zu bringen. Briefe an den Vertrauten unsers Herzens sind keine rednerische

Ausarbeitungen; jedes Wort wird ihm willkommen sein, das Abdruck dessen ist, was in unsrer Seele vorgeht, und auf diese Weise wird uns ja die Trennung von geliebten Personen erträglich.

Auch unter den vertrautesten Freunden können Irrungen entstehn, Mißverständnisse eintreten. Wenn man darüber Zeit verstreichen läßt oder zugibt, daß sich dienstfertige Leute hineinmischen, so erwächst daraus nicht selten eine dauerhafte Feindschaft, ja, eine Feindschaft, die mehrenteils umso heftiger wird, je zärtlicher, je vertrauter die Verbindung gewesen, und je ärger man sich also hintergangen glaubt. Es ist wahrlich ein trauriger Anblick, auf diese Weise zuweilen die edelsten Seelen gegeneinander empört zu sehn. Dringend rate ich daher, bei dem ersten Schatten von Unzufriedenheit über irgendein Betragen des Freundes nicht säumen, ohne Zutun eines Dritten, auf Erläuterung zu dringen. Da pflegt alles sehr bald verglichen zu werden, vorausgesetzt, daß kein böser Wille obwaltet, wie man es denn bei gutgesinnten, wohlwollenden Freunden voraussetzen muß.

Wie aber, wenn uns nun Freunde täuschen, wenn wir nach einiger Zeit wahrnehmen, daß unser gutes Herz uns irregeleitet, uns an Menschen gekettet hat, die unsrer nicht wert sind? – Meine Leser! Ich kann es nicht oft genug wiederholen, daß wir mehrenteils selbst daran schuld sind, wenn wir bei näherm Umgange die Menschen anders finden, als wir sie uns anfangs gedacht haben. Parteiische Gefühle, Sympathie, Ähnlichkeit des Geschmacks, der Neigung, feine Schmeichelei, Seelendrang in Augenblicken, wo jeder uns ein Wohltäter scheint, der nur einige Teilnahme an unserm Schicksale zeigt – diese und andre dergleichen Eindrücke lassen uns von den Menschen, denen wir unser Herz schenken, solche Ideale fassen, die nachher unmöglich wahrgemacht werden können. Wir denken sie uns engelrein und sind nachher viel unduldsamer gegen diese unsre Lieblinge als gegen fremde Leute, sobald wir menschliche Schwachheiten an ihnen gewahr werden, indem wir daraus eine Ehrensache für unsre Klugheit machen. Spannet Eure Erwartung, Eure Meinung von Euren Freunden nicht zu hoch, so wird Euch ein menschlicher Fehltritt, den sie in Augenblicken der Versuchung begehen, nicht befremden, nicht ärgern. Habet Nachsicht! Ihr bedürft deren vielleicht selbst bei andern Gelegenheiten. Richtet nicht, damit auch Ihr nicht gerichtet werdet! – Und was für Recht hast Du denn auch über die Moralität Deines Freundes? Was ist er Dir anders schuldig als Treue, Liebe und Dienstfertigkeit? Wer hat Dich zum Sittenrichter über ihn bestellt? – Suche einen vollkommnen Menschen auf dieser Erde, und Du kannst hundert Jahre alt werden und noch immer vergebens umherrennen.

Konfuzius

Dsï Gung fragte, wie man mit Freunden verkehren solle. Der Meister sprach: »Das Wesen der Freundschaft beruht auf unbedingter Aufrichtigkeit. Sieht man an seinem Freund einen Fehler, so hat man die Pflicht, ihn gewissenhaft darauf aufmerksam zu machen. Die Freundschaft soll dazu dienen, daß man sich gegenseitig auf liebevolle Weise im Guten fördert. Aber man darf nicht zum pedantischen Moralprediger werden. Sieht man, daß unsere Anregungen auf Widerstand stoßen, so halte man sich taktvoll zurück und überlasse es dem gesunden Verstande des andern, selbst zur Besinnung zu kommen. Sonst setzt man sich nur Beschämungen aus, und die Freundschaft geht in die Brüche.«

Arthur Schopenhauer

Freunde in der Not wären selten? – Im Gegenteil! Kaum hat man mit Einem Freundschaft gemacht, so ist er auch schon in der Not und will Geld geliehen haben. –

Eine arabische Parabel

Zwei Freunde wanderten gemeinsam durch die Wüste. Während ihrer Wanderung kam es zu einem Streit, und der eine verpasste dem anderen eine Ohrfeige.

Dieser war gekränkt und schrieb, ohne etwas zu sagen, folgende Worte in den Sand: »Heute hat mich mein bester Freund ins Gesicht geschlagen.«

Dann setzten die beiden ihre Wanderung fort und kamen schließlich zu einer Oase. Dort beschlossen sie zu baden. Der Freund, der geohrfeigt und gekränkt worden war, drohte plötzlich zu ertrinken, doch sein Begleiter rettete ihn. Als der Freund, der beinahe ertrunken wäre, sich wieder erholt hatte, ritzte er die folgenden Worte in den Stein: »Heute hat mein bester Freund mir das Leben gerettet.«

Verwundert fragte sein Begleiter ihn: »Als ich dich geschlagen habe, hast du etwas in den Sand geschrieben, aber jetzt ritzt du die Worte in einen Stein. Warum tust du das?«

Lächelnd erwiderte sein Freund: »Wenn ein guter Freund uns kränkt, sollten wir es in den Sand schreiben, damit der Wind des Vergessens und Verzeihens es verwehen und auslöschen kann. Aber wenn uns etwas Großartiges widerfährt, sollten wir es in den Stein der Erinnerung des Herzens meißeln, wo kein Wind dieser Welt es wieder auslöschen kann.«

Christian Fürchtegott Gellert

Die Freundschaft

Sei ohne Freund; wie viel verliert dein Leben!
Wer wird dir Trost und Mut im Unglück geben,
Und dich vertraut im Glück erfreun?
Wer wird mit dir dein Glück und Unglück teilen;
Dir, wenn du rufst, mit Rat entgegen eilen,
Und wenn du fehlst, dein Warner sein?

Sprich nicht: Wo sind der Freundschaft seltne Früchte?
Wer hält den Bund, den ich mit ihm errichte?
Wer fühlt den Trieb, den ich empfand?
O klage nicht! Es gibt noch edle Seelen.
Doch sehn wir auch, wenn wir uns Freunde wählen,
Genug auf Tugend und Verstand?

Aus Eitelkeit für jenen sich erklären,
Weil er vielleicht begehrt, was wir begehren,
Und weil sein Umgang uns gefällt;
Das Herz ihm weihn, noch eh wir seines kennen,
Aus Eigennutz ihm unsre Zeit vergönnen;
Dies ist nicht Freundschaft, dies ist Welt.

Um einen Freund von edler Art zu finden,
Mußt du zuerst das Edle selbst empfinden,
Das dich der Liebe würdig macht.
Hast du Verdienst, ein Herz voll wahrer Güte:
So sorge nichts: ein ähnliches Gemüte
Läßt deinen Wert nicht aus der Acht.

Du mußt für dich und die empfangnen Gaben
Erst Sorgfalt gnug, gnug Ehrerbietung haben;
Und deinem Herzen nichts verzeihn.
Du mußt dich oft, ohn Eigennutz zu dienen,
Du mußt dich stets, gerecht zu sein, erkühnen,
Und daß es Andre sind, dich freun.

Ein Herz, das nie sich selbst mit Ernst bekämpfet,
Nie Stolz und Neid und Eigensinn gedämpfet;
Liebt dieses Herz wohl dauerhaft?
Wie bald wirds nicht durch kleine Fäll ermüden!
Es fühlet sich, und stört der Freundschaft Frieden
Durch ungezähmte Leidenschaft.

Hast du das Herz, mit dem du dich verbunden,
Dem deinen gleich, der Liebe wert gefunden:
So tue, was die Weisheit spricht.
Sie heißt in ihm dich jede Tugend ehren,
Wie sehr du liebst, durch Taten ihn belehren,
Und macht sein Glück zu deiner Pflicht.

Sie legt dir auf, sein Gutes nachzuahmen.
Du ahmst es nach, und du belebst den Samen
Der Eintracht und der Zärtlichkeit.
Du sorgst mit Lust für deines Freundes Ruhe,
Er, ob er gnug, dich zu verdienen, tue;
Und eure Treu wächst durch die Zeit.

Dein Freund, ein Mensch, wird seine Fehler haben;
Du duldest sie bei seinen größern Gaben,
Und milderst sie mit sanfter Hand.
Sein gutes Herz bedient sich gleicher Rechte,
Begeistert deins, wenns minder rühmlich dächte,
Und sein Verstand wird dein Verstand.

Wenn, ungewiß bei meiner Pflicht, ich wanke,
Wie stärkt mich oft der selige Gedanke:
Was tät Arist bei dieser Pflicht?
Verfahre so, als wär er selbst zugegen.
So gibt ein Blick auf ihn mir ein Vermögen;
Und der erst wankte, wankt itzt nicht.

Ein gleicher Zweck, des Geistes höchste Freude,
Der Weisheit Glück, vereint und führt uns beide;
Denn ich und er sind beid ihr Freund.
Ein gleiches Gut, das höchste Gut der Erden,
Der Tugend Glück, läßt uns zufriedner werden;
Denn nur für sie sind wir vereint.

Ich eile froh, sein Glück ihm zu versüßen;
Doch daß ichs tat, soll er nicht immer wissen;
Mein Herz belohnt mich schon dafür.
Und wenn ich ihm vor seinen Augen diene,
Entzieh ich doch dem Dienst des Dienstes Miene,
Als nützt ich minder ihm, denn mir.

Teilt er mit mir die Last der größern Sorgen:
So bleibt von mir die kleinst ihm nicht verborgen,
Und schwindet in Vertraulichkeit.
Kaum klag ichs ihm, was mich im Stillen drücket:
So hat sein Blick oft schon mein Herz erquicket,
Eh mich sein Mund mit Trost erfreut.

Entfernt von ihm wird mir ein Glück zu Teile,
Und wenn im Geist ichs ihm zu sagen eile,
Wird mir dies Glück gedoppelt süß.
Entfernt von ihm drohn mir des Unglücks Pfeile;
Und wenn im Geist ichs ihm zu klagen eile,
So fühl ich minder Kümmernis.

Wenn wir vertraut, mit aufgewecktem Herzen,
Nach reifem Ernst, die Stund uns froh verscherzen:
So bildet der Geschmack den Scherz.
Den Witz, den Geist, die uns itzt scherzen lehren,
Beseelt die Lieb; und daß wir uns verehren,
Vergißt auch nie das muntre Herz.

Sollt je ein Zwist der Freundschaft Ruhe kränken,
Sollt übereilt ich ihr zum Nachteil denken,
Und meinem Freund ein Anstoß sein:
So eil ich schon, den Fehler zu gestehen.
Wars klein von mir, ihn hitzig zu begehen:
So ist es groß, ihn zu bereun.

Mensch, lerne doch dein Leben dir versüßen,
Und laß dein Herz von Freundschaft überfließen,
Der süßen Quelle für den Geist!
Sie quillt nicht bloß für diese kurzen Zeiten;
Sie wird ein Bach, der sich in Ewigkeiten
Erquickend durch die Seel ergeußt.

Dort werd ich erst die reinste Freundschaft schätzen,
Und bei dem Glück, sie ewig fortzusetzen,
Ihr heilig Recht verklärt verstehn.
Dort werd ich erst ihr ganzes Heil erfahren,
Mich ewig freun, daß wir so glücklich waren,
Fromm mit einander umzugehn.

Johann Wolfgang von Goethe

Mit fremden Menschen nimmt man sich zusammen,
Da merkt man auf, da sucht man seinen Zweck
In ihrer Gunst, damit sie nutzen sollen.
Allein bei Freunden läßt man frei sich gehn,
Man ruht in ihrer Liebe, man erlaubt
Sich eine Laune, ungezähmter wirkt
Die Leidenschaft, und so verletzen wir
Am ersten die, die wir am zärtsten lieben.

Eva Strittmatter

Freundschaft

Freunde sind mir, mit denen ich
Essen und trinken und reden kann.
Die mich in meiner Küche kennen,
Und denen ich sage: Komm, setz dich ran.
(Keine Probleme und Komplikationen:
Wie füttert man den? Ist der Schnaps gut genug?)
Mit denen gemeinsam ich in den Jahren
Meine und ihre Lasten abtrug:

Krankheit der Kinder und Weltüberdruß.
Mit denen ich die Nächte zerrede.
Und doch kommt es niemals zu einem Schluß.
Das kann auch über Fernen bestehen.
Auch wenn man sich lange Zeit nicht sieht:
Halten wir nur aneinander fest,
Was immer sonst auch mit uns geschieht.
Freundschaften sind wie Abenteuer,
An die man sein ganzes Leben setzt.
Versagt man oder wird man verraten,
Hat man sich mehr als die Haut verletzt.

Wilhelm Busch

Leider

Es ist halt schön,
Wenn wir die Freunde kommen sehn. –
Schön ist es ferner, wenn sie bleiben
Und sich mit uns die Zeit vertreiben. –
Doch wenn sie schließlich wieder gehn,
Ist's auch recht schön. –

Ursula Ott

Keine beste Freundin

Ich habe keine beste Freundin. Oh je, das klingt richtig blöd. Einen besten Freund hat man zu haben, eine beste Freundin erst recht. Eine zum Pferde stehlen und Seele baumeln lassen und ganze Wochenenden im Wellness-Hotel verquatschen. Hätte ich sie gerne? Eine allerbeste Freundin, die per WhatsApp immer auf dem Laufenden wäre, in welcher Bahn ich gerade sitze, mit Smiley nach oben oder nach unten oder einer Träne im Smiley-Auge oder einem Mundschutz vor dem Smiley-Mund? Dann wüsste meine beste Freundin nämlich, dass ich leider Schnupfen habe, und würde mir noch mehr Smileys schicken und blinkende Herzen und einen WhatsApp-Daumen nach oben. Weil sie ja meine allerbeste Freundin wäre. Forever.

Es klingt furchtbar herzlos, aber ich brauche keine allerbeste Freundin. Ich brauche Freunde. Freundinnen. Viele davon. Ich brauche Annette, die mir auch spätabends noch Hühnersuppe kocht, wenn ich viel zu spät von der Arbeit komme. Ich brauche Norbert, der sofort jeden Mann erschießen würde, der mich schlecht behandelt. Ich brauche Sabine, die mich in todlangweilige Ausstellungen über moderne Raumfahrt schleppt, von denen man nachts lustige Träume kriegt. Ich brauche Birgit, die ohne zu zögern meine Kinder übernimmt, wenn ich Brechdurchfall habe. Ich brauche Lena, die meine Kinder auch dann übernimmt, wenn ich gar keinen Brechdurchfall habe, aber gerne eine ruhige Nacht mit dem Liebsten verbringen möchte.

Annette würde nie in Ausstellungen gehen, Sabine kann nicht kochen und Norbert würde die Kinder nicht nehmen. Oder vielleicht doch, man müsste ihn mal fragen. Aber warum eigentlich? Warum muss jetzt schon wieder – kaum hat die moderne Paarforschung ergeben, dass Ehen an zu hohen Erwartungen scheitern –, warum muss jetzt auch noch die Freundin alles können, für alle Lebenslagen? Weil ein bester Freund eine Frage des Prestiges ist, vermutet die Schriftstellerin Silvia Bovenschen. Wer einen besten Freund, eine beste Freundin hat, gilt nicht als Langweiler. Wer richtig gute Freunde hat, ist interessant.

Ich weiß, was sie meint. Ich war neulich bei einem runden Geburtstagsfest meiner Freundin Anke eingeladen, wo nur interessante Freunde waren. Alle wurden von der Gastgeberin ausführlich vorgestellt, alle waren wahnsinnig toll. Der eine hatte angeblich das beste Buch über die moderne Arbeitswelt geschrieben, die andere wurde als begnadete Wohnungseinrichterin vorgestellt, die dritte wurde ihrer bildschönen Tochter wegen gerühmt, die jetzt auch noch als eine Art Heilige nach Afrika in ein Waisenhaus geht, so klang es jedenfalls. Mir fiel mein letzter runder Geburtstag ein, bei dem ich – zugegeben wenig inspiriert – eine recht kurze Runde gemacht hatte: Das ist Lisa, mit der geh ich joggen, das ist Anne, die rettet meine Texte, das sind meine Kinder. Ich dachte, die Exzellenz könnten sich die erwachsenen Gäste selber im Gespräch erarbeiten. Oder auch nicht, mein Gott, die meisten Menschen sieht man ja nach Partys nie wieder.

Aber dafür hielt auf meinem Geburtstag auch keine allerbeste Freundin eine Rede auf mich, die Gastgeberin. Auf Anke schon. Die allerbeste Freundin, die von Anke bereits die Qualitätszertifikate »beste Freundin«, »beste Zuhörerin« und »schönste Frau von Schwabing« angeheftet bekommen hatte, hob zu einer Rede auf Anke an, »49 Gründe, warum du meine beste Freundin bist«. Leider war sie bereits bei Grund Nr. 13 so gerührt von ihrem Allerbestefreundinsein, dass sie infolge von Tränenproduktion nicht mehr weiterreden konnte. Was einerseits ganz gut war, weil der Metzger, der den gebackenen Leberkäse für die Party parat hielt, schon etwas nervös hinter seinem Rechaud stand, rätselnd von einem Bein aufs andere wippend mit der Hochrechnung, wie lange 49 umständliche Sätze dauern würden. Es war dann schnell zu Ende. Und zweitens zeigte der Tränenausbruch: Allerbestefreundinsein ist die schiere Überforderung.

Dass mir jetzt niemand sagt, ich sei nur neidisch. Ja, bin ich. Ich hätte schon cool gefunden, Anke hätte bei ihrer Vorstellungsrunde mehr über mich zu erzählen gewusst, als dass ich in unserer gemeinsamen WG-Zeit das pummeligste Mädchen im Semester war und – den Zwischenteil habe ich vor Beleidigtsein vergessen – am Ende doch noch Chefredakteurin wurde. Aber ich habe mich mit einer weiteren Theorie der schlauen Silvia Bovenschen getröstet. Die sagt: »Man sitzt in einer größeren Runde, etwas Komisches passiert, es lachen aber nur noch zwei weitere Leute« – das können Freunde werden. Ich finde, das trifft die Sache ziemlich gut. Denn auch das Gegenteil stimmt. 20 Jahre später, du kommst auf ein Fest zu ganz alten Freunden, es lachen alle, aber zwei nicht. Die kanntest du zwar gar nicht, aber die gucken genauso betreten auf den Boden wie du. Mit denen kannst du super türmen und dir einen lustigen Abend machen. Freunde? Forever? Nö, muss nicht sein. Aber kann.

Dorothee Sölle

Für die jungen Genossen

Einer und ein freund und ein freund und ein freund
sag nicht das gibt vier
es sind mehr
das kleine einmaleins ist die freundschaft
das große die revolution

Fang mit dem kleinen an
denn ein freund herrscht nicht
ein freund hat immer zeit
oder er weiß einen der jetzt zeit hat
ein freund weiß immer rat
oder er kennt einen andern der rat weiß
ein freund ist immer zuständig
oder er findet wer zuständig ist

Das kleine einmaleins ist das netzwerk
das große die neue stadt

Rafik Schami

Eine deutsche Leidenschaft namens Nudelsalat

In Damaskus fühlt sich ein Gastgeber beleidigt, wenn seine Gäste etwas zu essen mitbringen. Und kein Araber käme auf die Idee, selbst zu kochen oder zu backen, wenn er eingeladen ist. Die Deutschen sind anders. Wenn man sie einlädt, bringen sie stets etwas mit: Eingekochtes vielleicht oder Eingelegtes, manchmal auch selbstgebackenen Kuchen und in der Regel Nudelsalat. Man sagt, wenn man zehn Deutsche einlädt, sollte man mit drei Nudelsalaten rechnen. Warum Nudelsalat, mit Erbsen und Würstchen und Mayonnaise? Wahrscheinlich deshalb, weil man Nudelsalat mit der einen Hand zubereiten kann, während man sich mit der anderen zurechtmacht.

Auch nach dreißig Jahren in Deutschland finde ich Nudelsalat noch immer schrecklich.

In Damaskus hungert ein Gast am Tag der Einladung, weil er weiß, dass ihm eine Prüfung bevorsteht. Er kann nicht bloß einfach behaupten, dass er das Essen köstlich findet, er muss es beweisen, indem er eine Unmenge davon verdrückt. Das grenzt oft an Körperverletzung, denn keine Ausrede hilft. Gegen die Argumente schüchterner, satter oder auch magenkranker Gäste halten Araber immer entwaffnende, in Reime gefasste Erpressungen bereit.

Das kommt vom Einfluss der Wüste auf das Leben der Araber. Die arabische Kultur hat dort ihren Ursprung, und wenn man einen Fremden mit Essen versorgte, rettete man nicht selten ein Leben.

Ein Nomade bewirtet den Fremden, weil er in ihm sich selbst sieht, eine Sicht, die bei Städtern getrübt oder völlig verschwunden ist. Ein Nomade weiß von Kind auf, dass er nur durch Zufall heute der Gastgeber ist, dass aber vielleicht bereits morgen ein Sandsturm ihn zum durstigen Fremden werden lässt, der im Augenblick seiner Ankunft bei dem, der ihm Schutz geben kann, kein Verhör, sondern Wasser, Brot und Ruhe braucht. Deshalb verbietet es die Moral der arabischen Nomaden, den Fremden in den ersten drei Tagen nach dem Woher und Wohin zu fragen. Diese freundliche Bewirtung des Gastes, mittels derer er zu Kräften kommt, hat in Arabien einen Namen: Gastrecht.

Die Araber der Wüste identifizieren sich mit dem Fremden so sehr, dass manche Stämme das Feuer die ganze Nacht besonders hell lodern ließen, damit der Schein dem irrenden Fremden den Weg zeigte, und wenn es stürmte, banden sie ihre Hunde draußen vor dem Zelt an, damit ihr Bellen dem Fremden Orientierung bot.

Aber auch wenn die Araber in Städten leben, tragen sie noch immer ein Stück Wüste in ihrem Herzen. Den Ruf eines großzügigen Gastgebers zu haben freut einen Araber wie sonst nichts auf der Welt.

Deutsche einzuladen ist angenehm. Sie kommen pünktlich. Sagen sie um vier, dann kommen sie um vier, manchmal sogar Viertel vor. »Wir haben mit Stau gerechnet«, erklären sie dem verlegenen Gastgeber.

Im Gegensatz zu Italienern, Arabern, Spaniern und Griechen, deren mediterrane üppige Küche sie zu hochnäsig und zu feige macht, um sich auf andere Speisen einzulassen, sind die Deutschen sehr mutig, ihre eher bescheidene Küche zu verlassen und andere, exotische Gerichte zu probieren. Sie scheuen weder vor japanischen, chinesischen, afrikanischen oder afghanischen Kochkünsten zurück. Und wenn es ihnen schmeckt, sagen sie nach genau neunzig Sekunden: »Lecker, kannst du mir das Rezept geben?«

Ein arabischer Koch aber kann die Entstehung eines Gerichts, das er gezaubert hat, gar nicht knapp und verständlich beschreiben. Er fängt bei seiner Großmutter an und endet bei lauter Gewürzen, die kein Mensch kennt, weil sie nur in seinem Dorf wachsen, und deren Name noch kein Botaniker ins Deutsche übersetzt hat. Die Kochzeit folgt Gewohnheiten aus dem Mittelalter, als man noch keine Armbanduhr hatte und die Stunden genüsslich vergeudete. Ein unscheinbarer Brei braucht nicht selten zwei Tage Vorbereitung, und das völlig unbeeindruckt von aller modernen Hektik.

Auch wenn den Deutschen das Essen gar nicht schmeckt, bleiben sie sehr höflich. Sie lächeln und sagen knapp: »Interessant.« Ich habe mich jahrelang gefragt, warum die Deutschen, Enkel der Dichter und Philosophen, ein Essen interessant finden. Ein Essen kann nicht interessant sein. Es ist weder eine mathematische Gleichung noch eine Naturerscheinung. Es schmeckt oder es schmeckt nicht. Ich hielt den Ausdruck für unpräzise, unbeholfen. Erst vor kurzem konnte ich diese höchst verschlüsselte Aussage dechiffrieren. Meine Güte! Die heutigen Deutschen machen ihren Vorfahren alle Ehre. Interessant – das ist eine geballte, auf ein Wort verdichtete Kritik, die die Verrisse des unbarmherzigsten Literaturkritikers wie süße Limonade wirken lässt. Sie meinen: Interessant, wie man aus wunderbaren Produkten und Ingredienzien so ein scheußliches Gericht kochen kann. Das alles steckt in diesem einen Wort.

Deutsche Gäste kommen nicht nur pünktlich, sie sind auch präzise in ihren Angaben. Wenn sie sagen, sie kommen zu fünft, dann kommen sie zu fünft. Man kann bereits am Nachmittag den Tisch decken. Und sollten sie wirklich einmal einen sechsten Gast mitbringen wollen, telefonieren sie vorher stundenlang mit dem Gastgeber, entschuldigen sich dafür und loben dabei die zusätzliche Person als einen Engel der guten Laune und des gediegenen Geschmacks.

So großartig Araber als Gastgeber sind, als Gäste sind sie furchtbar. Sie sagen, sie kommen zu dritt um zwölf zum Mittagessen. Um sieben Uhr abends treffen sie ein. Und vor Begeisterung über die Einladung bringen sie Nachbarn, Cousins, Tanten und Schwiegersöhne mit. Aber das bleibt ihr Geheimnis, bis sie vor der Tür stehen. Sie wollen dem Gastgeber doch eine besondere Überraschung bereiten und dessen Freude durch voreilige Anmeldung nicht schmälern.

Arabische Gäste kommen in der Regel unangemeldet. Und was macht der Gastgeber? Er hört die Klingel an seiner Tür, steht auf, unwillig, weil er gerade einen Krimi anschaut oder ein wenig Ruhe braucht, aber keine Gäste. Nun öffnet er die Tür und sieht einen Freund mit Anhang (fünf bis zehn Personen) vor sich. Er sagt nicht etwa: »Was gibt's?« oder: »Wen willst du mit diesem Trupp überfallen?« oder: »Kannst du dich nicht vorher anmelden, wo du mich doch auch sonst täglich mit deinen Anrufen traktierst?«

Nein, das sagt er nicht. Er lächelt, um sein Gesicht zu wahren und nicht als Geizkragen zu gelten, und bittet die Gäste feierlich herein, als hätte er auf sie gewartet. Und nun improvisiert er, spannt die ganze Familie und nicht selten auch noch die halbe Nachbarschaft für seine Blitzaktion ein, um den Gästen aus dem Nichts ein üppiges Mahl auf den sich biegenden Tisch zu zaubern. Am Ende sind der Gastgeber und seine Familie zwar restlos erschöpft, die Gäste aber sind zufrieden. Und der Gastgeber ist gerettet, er hat sein Gesicht gewahrt.

Einmal zählten wir in Damaskus eine Prozession von neunundzwanzig Menschen vor unserer Tür, als meine Mutter ihre Schwester eingeladen hatte, um mit ihr nach dem Essen in Ruhe zu reden.

Gastfreundschaft ist aber nicht angeboren. Das wissen die Araber und erziehen ihre Kinder deshalb von klein auf zur Liebe und Achtung gegenüber Gästen. »Der Gast ist ein Heiliger«, sagte meine Mutter, »wenn er sich bei dir wohl fühlt, segnet er dein Haus.«

Wir waren Kinder. »Und was, wenn er ein Teufel ist?«, fragten wir naiv und vorwitzig.

»Dann vergisst er die Stunden bei euch nicht, und wenn ihr bei ihm landet, schont er euch ein bisschen«, antwortete meine Mutter weise.

Ein arabisches Sprichwort sagt: Wer vierzig Tage mit Leuten zusammenlebt, wird wie sie. Seit fast vierzig Jahren lebe ich inzwischen mit den Deutschen zusammen, und ich erkenne Veränderungen an mir. Ein Fremder muss nicht Blutwurst und Saumagen essen, um angepasst zu sein. Spätestens wenn er anfängt, pünktlich zur Bushaltestelle und zum Bahnhof zu gehen, weil Busse und Züge nicht anhalten, wenn er ihnen winkt, ist er es. Und was ist mit den Mitbringseln der Gäste? Wein und Käse kann ich inzwischen annehmen, aber Nudelsalat – niemals.

Clemens von Brentano

Die Freundschaft heißt nicht zusammenhängen und zusammensitzen, Freundschaft ist groß und frei und liegt im Gedanken, für den jeder Raum gleich nah ist.

Hans Bender

Unterwegs mit jungen Freunden

Sie bestimmen
wohin wir fahren.
Stützen mich
die Stufen hinauf, hinab.

Geburtstag. Nacheinander kommen die Freunde. »Blumen bringe ich keine«, sagt der erste; und der zweite und dritte sagt: »Blumen bringe ich keine.« So vernünftig sind meine Freunde, und ich, der Blumen gern hat, bleibe an diesem Tag ohne Blumen.

Hannes Stein

Freunde

Es ist angenehm, Freunde zu haben. Leider ist es außerdem sehr anstrengend. So muss man sich dauernd merken, wann sie Geburtstag haben, und dann muss einem auch noch ein passendes Geschenk einfallen. Dabei kann man sich schwer in die Nesseln setzen: Eine Krawatte wirkt häufig wie eine subtile Kritik am generellen Erscheinungsbild, und in einem Buch wird garantiert nach verborgenen Botschaften gesucht. (Warum schenkt die mir jetzt »Endlich Nichtdenker!« von Hannes Stein? Hält sie mich für dermaßen unsexy?) Lädt man Freunde zu sich nach Hause ein und serviert ihnen Leber mit Fenchel, wiewohl sie vor zehn Jahren gesprächsweise erwähnt haben, dass sie beides auf den Tod nicht ausstehen können, sind sie grauenhaft beleidigt. Auf Kritik reagieren sie in der Regel nicht gerade mit Schreien des Entzückens – glauben Sie keinem Schönschwätzer, der Ihnen weismachen will, dass freundschaftliche Kritik jemals willkommen sei. Sie wird ungefähr so gern angenommen wie Tränengas, das ein übler Witzbold anstelle von Chanel No. 5 ins Parfümflakon gefüllt hat. Überdies ergeben sich aus Freundschaften gewisse Verpflichtungen. Vor allem muss man Anteil nehmen: an gescheiterten Ehen, geplatzten Schecks, Krankheiten und Problemen mit dem Chef. Handelt es sich um einen guten Freund, kann es geschehen, dass man morgens um vier aus dem Schlaf gerissen wird und per Ferngespräch hilflos jemandes Hand halten soll, der ganz tief unten ist. Bei ernsthaften Operationen wird ein Besuch am Krankenbett erwartet: im Regelfall bitte mit Blumenstrauß, jedoch ohne Grünzeug, falls der Betreffende unter Heuschnupfen leidet. Leider haben Freunde manchmal die unangenehme Angewohnheit zu sterben. Das ist wirklich ein wenig übertrieben und auch ziemlich unfair von ihnen, denn man kommt sein Leben lang nicht darüber hinweg. Indessen haben wir damit noch nicht den Gipfel der Zumutungen erklommen: Das Schlimmste an Freunden ist zweifellos, dass sie als einzige Wesen auf diesem Planeten über die Macht verfügen, uns ernsthaft zu verletzen.

Irgendwo in den Abruzzen soll es einen Mönchsorden geben, dessen Mitglieder durch ein strenges Schweigegelübde gebunden sind. In ihrer Freizeit legen die Mönche Gärten an, die durch hohe Ziegelmauern voneinander getrennt sind; im Inneren des Klosters trifft man sich lediglich, um die gemeinsamen Stundengebete zu verrichten. Ansonsten geht man sich aus dem Weg. Die frugalen Mahlzeiten nimmt jeder Bruder allein in seiner Zelle ein. Man könnte es so sagen: Diese Mönche kommunizieren nur mit ihren Pflanzen und mit Gott. Streit, Intrigen, Eifersüchteleien sind damit von vornherein ausgeschlossen; nie könnte es zu jenem Seelenstress kommen, wie er sich unter dem Druck von persönlichen Beziehungen formt. Paradiesische Zustände!

Joachim Ringelnatz

Ein Herz laviert nicht

Ich nenne keine Freundschaft heiß,
Die niemals, wenn's ihr unbequem,
Den Freund zu überraschen weiß
Trotzdem.

Denn wenn sie Zeit und Mühe scheut,
Ein Unverhofft zu bringen,
Das einen Freund unendlich freut,
Dann hat sie keine Schwingen.

Den Umfang einer Wolke mißt
Kein Mensch. Weil sie nicht rastet,
Noch ihre Freiheit je vergißt. –
Ich glaube: Keine Wolke ist
Mit Arbeit überlastet.

Wilhelm Busch

Zwei Stammbuchverse

I

Wenn man sich einander kennet
Und sich Freund und Freundin nennet,
Reißt des Schicksals Donnerwort
Uns aus unsern Armen fort.

Doch, obschon dies zu beklagen,
Muß man nicht sogleich verzagen,
Denn der Freundschaft lange Hand
Reicht bis durch den Zollverband.

II

Wo du bist und wo ich sei,
Ferneweg und nahebei –
Überall und auch indessen
Werd ich deiner nicht vergessen.

Dein gedenk ich, still erfreut,
Selbsten in der Einsamkeit –
Ja, im dicksten Publikum
Schwebt mein Geist um dich herum.

Etwas andere Freundschaften

»Jeder Freund ist gut und weise für den Freund, und unter ihnen geht alles gut ab.«

Baltasar Gracián

Walter Helmut Fritz

Der indianische Freund sagt

Wir machen keinen Wettbewerb.
Wenn einer leidet,
leiden die andern.
Wir sind gastfreundlich
und halten Wort.
Die Geister der Toten
sind uns vertraut.
Den Nutzen achten wir nicht.
Wenn wir ein Fest feiern,
sind alle dabei,
auch Kräuter, Mais und Kürbis,
der über Kiesel
springende Bach,
Antilope, Schlange und Büffel,
das Feuer und die Schatten,
die es erzeugt,
Wolke und Berg,
der Morgenwind, der sich

hinter den Ulmen erhebt,
das Grün, Gelb und Rot
des Regenbogens.
Sie alle sind unsere Geschwister.

Richard Dehmel

Nur ein Hund

Ja, dir wird's schwer, mich zu verlassen!
Dein Auge bricht, als ob du weinst,
mein alter Hans in allen Gassen!
Ja, früher ahnt ich nicht, dass einst
als letzter Freund ein Hund mir bliebe:
da sucht ich noch bei Menschen Liebe.

Mein Hund, in deinen dunklen Augen
liegt mancher Blick von mir versenkt,
für den nicht Menschenblicke taugen,
wo man ein Tier braucht, das nicht denkt,
die Ohnmacht auch in ihm zu sehen,
mit der wir selbst durchs Leben gehen.

Du hast mir nie ein Leid bereitet:
das kann kein Mensch, der liebste nicht!
Nun liegt dein Leib vom Tod gebreitet,
nun lischt dein treues Augenlicht.
Was will mir denn so menschlich scheinen?
Mein Hund, mein Freund; o könnt ich weinen!

Heinrich Heine

An Edomi

Ein Jahrtausend schon und länger
Dulden wir uns brüderlich;
Du, du duldest, daß ich atme,
Daß du rasest, dulde ich.
Manchmal nur, in dunklen Zeiten,
Ward dir wunderlich zumut,
Und die liebefrommen Tätzchen
Färbtest du mit meinem Blut.
Jetzt wird unsre Freundschaft fester,
Und noch täglich nimmt sie zu;
Denn ich selbst begann zu rasen;
Und ich werde fast wie du!

Henry Miller

Mein bester Freund

Ob man es glaubt oder nicht: das war mein Fahrrad. Dieses, von dem ich spreche, hatte ich im Madison Square Garden gekauft, nach einem Sechstagerennen. Es war in Chemnitz, Böhmen, hergestellt, und der Sechstagefahrer, dem es gehörte, war, glaube ich, ein Deutscher. Es unterschied sich von anderen Rennrädern dadurch, daß das Oberrohr schräg zu dem Lenker hin abfiel.

Ich hatte zwei andere Räder amerikanischer Fabrikation. Die lieh ich meinen Freunden aus, wenn sie eines brauchten. Auf dem aus dem Garden fuhr nur ich selbst. Es war für mich wie ein geliebtes Haustier. Und warum nicht? Hatte es mich nicht durch alle meine Zeiten der Unruhe und Verzweiflung gebracht?

Ja, ich machte eine Liebe durch, eine erste Liebe, und etwas Katastrophaleres gibt es ja bekanntermaßen nicht. Meine Freunde waren verärgert und ließen mich einer nach dem anderen im Stich oder umgekehrt. Ich war unglücklich und allein. Ob meine Eltern meine traurige Lage kannten, weiß ich nicht mehr, aber ich bin sicher, sie wußten, daß mir etwas zu schaffen machte. Dieses »etwas« war eine schöne junge Frau namens Una Gifford, die ich auf der Highschool kennengelernt hatte.

Wie ich an anderer Stelle gesagt habe, waren wir solch unschuldige Wesen, daß wir uns vielleicht zwei- oder dreimal küßten – auf einer Party zum Beispiel, niemals anderswo. Obwohl wir beide Telefon hatten, haben wir nie miteinander telefoniert. Warum, frage ich mich. (Weil es zu ungehörig gewesen wäre, vielleicht.) Wir haben einander geschrieben, ja, aber in langen Abständen. Ich erinnere mich, wie ich jeden Tag, wenn ich heimkam, zuerst zum Kaminsims ging, wo die Post hingelegt wurde, und fast immer grüßte mich dort eine gähnende Leere.

Es war die Zeit, als ich fast ständig auf Arbeitssuche war (vergeblich). In Wirklichkeit sah ich mir einen Film oder eine Tingeltangelvorstellung an (wenn ich es mir leisten konnte). Dann hörte ich plötzlich auf damit und tat nichts. Nichts als radfahren. Oft war ich sozusagen von morgens bis abends im Sattel. Ich fuhr überallhin, und gewöhnlich in recht flottem Tempo. An manchen Tagen begegnete ich beim Brunnen im Prospect Park einigen Sechstagefahrern. Sie erlaubten mir, ihnen auf der leichten Strecke, die vom Park nach Coney Island führte, das Tempo vorzugeben.

Ich besuchte Orte, an denen ich früher oft gewesen war – Bensonhurst, Ulmer Park, Sheepshead Bay, Coney Island. Und wie unterschiedlich sich auch die Umgebung darbietet, ständig denke ich an sie. Warum schreibt sie mir nicht? Wann wird die nächste Party sein? usw. usw. Nie hatte ich dabei obszöne Gedanken, nie träumte ich davon, eines Tages mit ihr zu vögeln oder sie auch nur zu betasten.

Nein, sie war wie eine Prinzessin im Märchen – unberührbar selbst im Traum.

Auch kam es mir nie in den Sinn, nach Greenspoint zu fahren, wo sie wohnte, vielleicht ihre Straße hinauf- und hinunterzufahren in der Hoffnung, einen flüchtigen Blick auf sie zu werfen. Nein, ich fuhr zu den entlegenen Orten, mit denen sich für mich Erinnerungen an die Kindheit verbanden – und an glückliche Tage.

Ich dachte an jene idyllischen Zeiten, wehmütig, mit schwerem Herzen. Wo waren sie jetzt, diese teuren Gefährten meiner frühen Jugend? Machten sie auch solche Qualen durch wie ich – oder war der eine oder andere vielleicht schon verheiratet?

Manchmal, nach der Lektüre eines guten Buches, dachte ich an nichts anderes als an die Figuren, die in diesem Buch vorkamen. Die Figuren, die mir am meisten durch den Kopf gingen, stammten gewöhnlich aus Dostojewskis Romanen, vor allem aus *Der Idiot, Die Brüder Karamasow* und *Die Dämonen.* Sie waren sogar für mich keine Figuren aus Büchern mehr, sondern lebendige Gestalten, Personen, die in meinen Träumen auftauchten. So mußte ich etwa, wenn ich an eine absurde Gestalt wie Smerdyakow dachte, plötzlich laut lachen – nur um mich gleich darauf zur Ordnung zu rufen und meine Gedanken ihr zuzuwenden. Ich wurde sie einfach nicht los. Ich war von ihr besessen, fasziniert, verlassen. Wäre sie mir infolge eines ganz großen Zufalls in die Arme gelaufen, ich hätte keine Silbe herausgebracht.

Gewiß, alle Jubeljahre einmal bekam ich einen Brief von ihr, gewöhnlich aus einem Urlaubsort, wo sie ihre Sommerferien verbrachte. Es war immer ein kurzer Brief, in konventionellen Worten abgefaßt – und für meine Begriffe bar jeden Gefühls. Und meine Antwort fiel entsprechend aus, obwohl mir das Herz dabei brach.

Gebrochene Herzen! Das war ein Thema, dem ich mich ganz hingab. Litten andere meines Alters die gleichen Qualen? War eine erste Liebe immer so schmerzhaft, mißlich und trostlos? War ich vielleicht ein besonderer Fall, ein »Romantiker« reinsten Wassers? Die Antworten auf diese Fragen standen gewöhnlich auf den Gesichtern meiner Freunde geschrieben. Sowie ich ihren Namen erwähnte, wurde mir ein Blick völligen Desinteresses zuteil. »Denkst du noch immer an sie?« – »Hast du noch nicht genug?« Und so weiter. Wie dumm kann sich einer nur benehmen, und auch noch wegen eines Mädchens – dieser Gedanke schwang in ihrer Reaktion mit.

Während wir dahinrollten (ich und mein Double), ging ich diese fundamentalen Tatsachen durch, vorwärts und rückwärts. Es war wie die Beschäftigung mit einem algebraischen Lehrsatz. Und kein einziges Mal begegnete ich einer mitfühlenden Seele. Ich fühlte mich so allein, daß ich mein Rad meinen Freund nannte. Ich führte stumme Gespräche mit ihm. Und natürlich ließ ich ihm die beste Pflege angedeihen. Wenn ich nach Hause zurückkehrte, stellte ich es jedesmal auf Lenker und Sattel, holte einen sauberen

Lappen und polierte Naben und Speichen. Dann reinigte ich die Kette und fettete sie frisch ein. Dabei blieben häßliche Flecken auf den Steinen des Gehwegs zurück. Meine Mutter beklagte sich und bat mich, doch vorher Zeitungspapier unterzulegen. Manchmal regte sie sich so sehr auf, daß sie voller Sarkasmus sagte: »Ich wundere mich nur, daß du das Ding nicht mit ins Bett nimmst!« Worauf ich zurückgab: »Das würde ich auch, wenn ich ein anständiges Bett hätte, das groß genug ist.«

Das war ein weiterer Übelstand, mit dem ich mich abfinden mußte – kein eigenes Zimmer. Ich schlief in einem kleinen Flurschlafzimmer, dessen einziger Schmuck ein Rouleau gegen das frühmorgendliche Licht war. Wenn ich ein Buch las, dann am Eßzimmertisch. Das Wohnzimmer benutzte ich nur, um Platten zu spielen. Wenn ich dort (im düsteren Wohnzimmer) meinen Lieblingsplatten lauschte, packte mich der Liebeskummer immer am ärgsten. Jede meiner Platten, die ich auflegte, vertiefte meine Qualen. Am meisten – von der Ekstase bis zur absoluten Verzweiflung – bewegte mich der jüdische Kantor Sirota. Nach ihm kam Amato, der Bariton von der Metropolitan Opera. Und auf diesen folgten Caruso und der beliebte irische Tenor John McCormack.

Ich kümmerte mich um mein Rad wie ein anderer sich um seinen Rolls-Royce. Bei größeren Reparaturen brachte ich es immer in das gleiche Geschäft an der Myrtle Avenue, das einem Schwarzen namens Ed Perry gehörte. Er faßte mein Rad sozusagen mit Samthandschuhen an. Er sorgte stets dafür, daß weder das Vorder- noch das Hinterrad wackelte. Oft nahm er kein Geld von mir, weil er, wie er es ausdrückte, keinen anderen kannte, der sein Rad so sehr liebte wie ich.

Es gab Straßen, die ich mied, und Straßen, die ich bevorzugte. In manchen Straßen gab mir die Architektur einen richtigen Aufschwung. Es gab ruhige Straßen und heruntergekommene Straßen, reizvolle und auch gräßlich langweilige Straßen. (Hat nicht Whitman irgendwo gesagt: »Architektur ist, was man ihr antut, wenn man sie ansieht«?) Als leidenschaftlicher Fußgänger war ich in der Lage, einen komplizierten inneren Dialog zu führen und mir gleichzeitig der Szenerie bewußt zu sein, durch die ich mich bewegte. Radfahren war ein wenig anders; da mußte ich schon aufpassen, wenn ich nicht stürzen wollte.

Etwa um diese Zeit war Frank Kramer der Rennchampion, den ich natürlich vergötterte. Einmal gelang es mir, ihm bei einem seiner Übungsrennen vom Prospect Park nach Coney Island auf den Fersen zu bleiben. Ich erinnere mich, daß er mir auf den Rücken klopfte, als ich ihn einholte, und sagte: »Tadellos, junger Mann – machen Sie so weiter!« Das war sozusagen ein Sonntag in meinem Leben. Ausnahmsweise einmal vergaß ich Una Gifford und gab mich ganz dem Traum hin, daß ich eines Tages im Madison Square Garden fahren würde, zusammen mit Walter Rutt, Eddie Root, Oscar Egg und anderen berühmten Rennfahrern.

Nach einiger Zeit, daran gewöhnt, so viele Stunden auf dem Rad zu verbringen, interessierte ich mich immer weniger für meine Freunde. Mein Rad war jetzt zu meinem einzigen Freund geworden. Ich konnte mich auf ihn verlassen, was ich von meinen Kumpels nicht behaupten konnte. Es ist zu schade, daß mich niemand mit meinem »Freund« fotografiert hat. Ich gäbe alles darum, wüßte ich jetzt, wie wir zusammen ausgesehen haben.

In Paris besorgte ich mir Jahre später ein anderes Fahrrad, aber das war ein Allerweltsmodell, mit Rücktrittbremse. Wollte man langsamer fahren, mußte man sich der Beine bedienen. Ich hätte mir Handbremsen anbringen lassen können, aber dann hätte ich mich wie ein Waschlappen gefühlt. Es war gefährlich und aufregend, in Höchstgeschwindigkeit durch die Straßen der Stadt zu rasen. Glücklicherweise gab es damals noch nicht viele Autos. In der Hauptsache mußte man auf Kinder aufpassen, die mitten auf der Straße spielten.

Mütter schärften ihren Kindern ein, vorsichtig zu sein und auf diesen verrückten jungen Mann aufzupassen, der da durch die Straßen spurtete. Mit anderen Worten, ich wurde zum Schrecken der ganzen Nachbarschaft.

Ich war sowohl ein Schrecken wie ein Ergötzen – die Kleinen rannten alle zu ihren Eltern und wollten auch so ein Fahrrad haben.

Wie lange kann das Herz schmerzen, ohne zu brechen? Ich habe keine Ahnung. Ich weiß nur, daß ich eine strapaziöse Zeit mitmachte, als ich ein Mädchen in absentia verehrte. Sogar an meinem 21. Geburtstag – einem großen Ereignis in meinem Leben – saß ich in einiger Entfernung von ihr, zu schüchtern, um den Mund aufzumachen und ihr von meiner Liebe zu erzählen. Zum letztenmal sah ich sie kurz danach, als ich mich mit meinem ganzen Mut dazu aufraffte, an ihrer Tür zu klingeln und ihr zu sagen, daß ich nach Juneau, Alaska, aufbrach, um unter die Goldwäscher zu gehen.

Schwerer fast fiel es mir, mich von meinem Rad aus Chemnitz zu trennen. Ich muß es einem meiner Kumpels gegeben haben, aber wem, das weiß ich nicht mehr.

Man sollte dabei bedenken, daß ich mich, brach mir auch das Herz, noch immer gut amüsieren konnte. Wenn ich das Geld dafür hatte, sah ich mir oft eine Vaudeville-Show im Palace an oder verbrachte den Nachmittag im Houston Street Burlesk oder einem anderen Tingeltangeltheater. Die Spaßmacher jener Shows sollten später Rundfunk- und Fernsehstars werden. Mit anderen Worten, war mir auch einerseits das Lachen vergangen, so konnte ich doch andererseits weiterlachen. Diese Fähigkeit, allem zum Trotz lachen zu können, war es, die mich rettete. Ich kannte bereits den berühmten Ausspruch von Rabelais: »Für all eure Leiden verschreibe ich euch Lachen.« Ich kann aus persönlicher Erfahrung sagen, daß dieser Satz ein Stück der höchsten Weisheit ist. Davon gibt es heute so herzlich wenig – kein Wunder, daß die Rauschgifthändler und Psychoanalytiker im Sattel sitzen.

Jakob Haringer

Von der Einsamkeit und den Büchern

Wo sind die Menschen, die jahrelang auf dich warten, bis du kommst, bis sie endlich dich gefangen nehmen, bezaubern und doch – dich reich, groß und frei machen dürfen?

Die Einzigen, die deine Liebe lohnen, die immer da sind, dich zu trösten, die immer auf dich warten: die Bücher.

O feines, zartes und heiteres Glück: lesen! Du sitzt unter Menschen, einsam lächelnd über ihr Treiben. Du denkst: wär ich fort, wär ich allein bei meinen Büchern – bei ihren Sehnsüchten, Träumereien und Seligkeiten. Wunderwelten, unerschöpfliche Schätze warten auf mich – meine Bücher. Die Menschen – die Freunde und die Liebste – ihre Weine und ihre Tugend – enttäuschen. Ihre Denkmäler verfallen, ihr Reichtum ist vergänglich, aber ihre Träume überdauern tausend Jahre: in den Büchern.

Ihr grüßt mich: Robinson und Rübezahl. Mit Euch, ihr süßen gruseligen Märchen, steigt die Kindheit wieder vor mir auf: der Knabe, der auf sommerlichen Wiesen über Jean Paul träumte, der vom kargen Taschengeld Bücher kaufte, die er mit sich herumschleppte im Rucksack, in der Manteltasche – überall hin. Er verstand viele nicht, aber er blätterte drin herum und freute sich am bunten Einband und an neuen seltsamen Worten. Glück: Bücher aufzutreiben, auf den Boden zu schleppen und aufzustapeln. Seligkeit: einsam darin zu wühlen und zu lesen, während der Mairegen auf das Dach prasselte.

Die Sammlung meiner Jugend ging verloren – verloren wie alles, was ich einst mein Eigen nannte. Aber ist nicht jedes Buch, das man entdeckt, wie eine Eroberung, die einem niemand wieder rauben kann?

Ich habe seither viele Bücher gekauft auf den Bücherwägen in Berlin, am Quai in Paris, in Kopenhagen, in Wien und in Rom – sie sind alle wieder verschleudert worden in Zeiten der Not.

Aber das Glück der Stunden, in denen ich an den Karren geschmökert habe, in denen ich in Anlagen einsam in der Sonne las, in denen ich im Nachtschnellzug ein neu erworbenes Buch verschlungen habe, das kann man mir nicht mehr nehmen.

Ein Buch, das mir einst Tröster war im Leid, ist wie ein alter Kamerad, den ich freudig begrüße, wenn ich ihn irgendwo in irgendwelcher Gestalt wiedertreffe. Aus dem Buch ist ein lebendes Wesen geworden, leidend, mitleidend, trostreich.

Viele haben ein Zuhause und darin ihren Bücherschrank, aber er ist stets verschlossen. Sie haben immer viel Zeit, aber vor den Büchern haben sie ein wenig Angst.

Oder fürchten die Bücher sich vor ihnen? Ich habe einen Bekannten, der seine liebsten Bücher im Geldschrank aufbewahrt. »Damit kein Staub darauf fällt«, sagt er.

Freilich, manchem haben die Bücher die Jugend genommen und das Leben. Ach – es wäre besser, man bliebe ein Kind und träumte über dunkeln Büchern von der Welt.

Ich habe keine Wünsche, es bleibt doch nichts von allem Besitz, man kann nichts mitnehmen dorthin – garnichts. Aber ich möchte nicht in den Himmel, wenn dort keine Bücher sind – und wären es nur die Sterne – Gottes ewige Blindenschrift …

Robert Gernhardt

Zur Beherzigung

Man soll nicht hängen
sein Herz an Dinge,
an Tiere nicht
und nicht an Menschen.
Durch die Zeit sinken sie
wie Steine durchs Wasser.
Weh dem, der sich ihnen
verbunden.

Das Herz ist ein Falke.
Je freier, je höher
reißt es empor
aus dem Strudel der Zeiten,
was es ergreift,
ob Ding oder Wesen.
Wohl dir, wenn dich eines
mitreißt.

Ohne Freunde ist alles nichts, oder?

»Die Freundschaft tanzt rund um die bewohnte Welt.«

Epikur

Epikur

Über die Freundschaft

Von den Dingen, die die Weisheit für die Glückseligkeit des ganzen Lebens verschafft, ist der Gewinn der Freundschaft das bei weitem Wichtigste.

Dieselbe Erkenntnis führt zu der Zuversicht, daß nichts Schreckliches ewig oder langandauernd ist, und läßt erkennen, daß die gerade in der Begrenzung liegende Sicherheit der Freundschaft im höchsten Maße vollendet ist.

Man soll weder die, die allzu schnell zu Freundschaft bereit sind, noch die allzu Zögerlichen als Freunde akzeptieren. Man muß jedoch der Freundschaft wegen auch etwas riskieren.

Es ist nicht so sehr der Nutzen der Freunde, den wir brauchen, als vielmehr die Zuversicht, ihre Hilfe in Anspruch nehmen zu können.

Weder derjenige, der in jeder Angelegenheit den Nutzen im Auge hat, noch derjenige, der den Nutzen niemals mit Freundschaft in Verbindung bringt, ist ein Freund. Denn der eine erhandelt sich mit seiner Gunsterweisung eine Gegenleistung, der andere aber wirft die gute Hoffnung für die Zukunft über Bord.

Die Freundschaft tanzt rund um die bewohnte Welt und verkündet uns allen, wir sollten zu ihrem Lobpreis aufwachen.

Mitgefühl mit unseren Freunden wollen wir haben, nicht indem wir klagen, sondern indem wir uns um sie kümmern.

Man muß zuerst beachten, mit wem man ißt und trinkt, bevor man darauf schaut, was man ißt und trinkt. Denn ohne einen Freund ist das Leben ein bloßes Hinunterschlingen, wie es Löwe und Wolf tun.

Johann Gottfried Herder

Einzeln ist der Mensch

Einzeln ist der Mensch
ein schwaches Wesen,
aber stark in der Verbindung mit andern.
Einsam müht er sich oft umsonst.
Ein Blick des Freundes in sein Herz,
ein Wort seines Rates, seines Trostes
weitet und hebt ihm den niedrigen Himmel,
rückt ihm die Decke des Trauerns hinweg.

Plutarch

Ich brauche keinen Freund, der sich jedesmal mit mir verändert und mein Kopfnicken erwidert, denn das tut mein Schatten weit besser; sondern ich brauche einen solchen Freund, der mit mir die Wahrheit aufsucht und mit mir prüft.

Friedrich von Bodenstedt

Wenn Jemand schlecht von deinem Freunde spricht,
Und scheint er noch so ehrlich: glaub' ihm nicht!
Spricht alle Welt von deinem Freunde schlecht:
Mißtrau' der Welt und gib dem Freunde Recht!
Nur wer so standhaft seine Freunde liebt,
Ist wert, daß ihm der Himmel Freunde gibt.
Ein Freundesherz ist ein so selt'ner Schatz,
Die ganze Welt beut nicht dafür Ersatz;
Ein Kleinod ist's voll heil'ger Wunderkraft,
Das nur bei festem Glauben Wunder schafft –
Doch jedes Zweifels Hauch trübt seinen Glanz,
Einmal zerbrochen wird's nie wieder ganz.
Drum: wird ein solches Kleinod dir beschert,
O trübe seinen Glanz nicht, halt es wert!
Zerbrich es nicht! Betrachte alle Welt
Als einen Ring nur, der dies Kleinod hält,
Dem dieses Kleinod selbst erst Wert verleiht,
Denn wo es fehlt, da ist die Welt entweiht.
Doch würdest du dem ärmsten Bettler gleich,
Bleibt dir ein Freundesherz, so bist du reich;
Und wer den höchsten Königsthron gewann
Und keinen Freund hat, ist ein armer Mann.

Novalis

Zart ist der Faden der Freundschaft,
doch unzertrennlich wie jene Kette,
die Himmel und Meer
und die Gestirne umschlingt,
aber auch dehnbar wie Gold,
er windet in lieblichen Knoten
selbst um die Freunde sich leicht,
welche das Schicksal getrennt.

Arthur Schopenhauer

Wahre, echte Freundschaft setzt eine starke, rein objektive und völlig uninteressierte Teilnahme am Wohl und Wehe des Andern voraus, und diese wieder ein wirkliches Sich mit dem Freunde identifizieren. Dem steht der Egoismus der menschlichen Natur so sehr entgegen, daß wahre Freundschaft zu den Dingen gehört, von denen man, wie von den kolossalen Seeschlangen, nicht weiß, ob sie fabelhaft sind oder irgendwo existieren. Indessen gibt es mancherlei, in der Hauptsache freilich auf versteckten egoistischen Motiven der mannigfaltigsten Art beruhende Verbindungen zwischen Menschen, welche dennoch mit einem Gran jener wahren und echten Freundschaft versetzt sind, wodurch sie so veredelt werden, daß sie, in dieser Welt der Unvollkommenheiten, mit einigem Fug den Namen Freundschaft führen dürfen. Sie stehn hoch über den alltäglichen Liaisons, welche vielmehr so sind, daß wir mit den meisten unserer guten Bekannten kein Wort mehr reden würden, wenn wir hörten, wie sie in unserer Abwesenheit von uns reden.

Joseph von Eichendorff

An L…

Vor mir liegen deine Zeilen,
Sind nicht Worte, Schriften nicht,
Pfeile, die verwundend heilen,
Freundesaugen, treu und schlicht.

Niemals konnte so mich rühren
Noch der Liebsten Angesicht,
Wenn uns Augen süß verführen,
Und die Welt voll Glanz und Licht:

Als in Freundesaugen lesen
Meiner eignen Seele Wort,
Fester Treue männlich Wesen,
In Betrübnis Trost und Hort.

So verschlingen in Gedanken
Sich zwei Stämme wundertreu,
Andre dran sich mutig ranken
Kron' an Krone immer neu.

Prächt'ger Wald, wo's kühl zu wohnen,
Stille wachsend Baum an Baum,
Mit den brüderlichen Kronen
Rauschend in dem Himmelsraum!

Peter Bichsel

Alexander sagt kaum etwas, aber er kann reden, er kennt den Tonfall des miteinander Redens. Und ich habe ihn verstanden, er, der Alexander, möchte nicht in die EU. Wir werden ihn wohl hier lassen müssen. Und eigentlich möchte er mir nur mitteilen, daß er meine Meinung mitbekommen hat und daß ich mit meiner Meinung trotzdem noch dazugehöre: Er distanziert sich und bietet gleichzeitig Freundschaft an. Bis jetzt ist mir in dieser Frage von Andersdenkenden nur Feindschaft angeboten worden.

Es gibt so Freundschaften, die ausschließlich durch gemeinsame Feinde, gemeinsame Feindbilder entstehen. Das sind immer schlechte Freundschaften, aber hie und da sind sie nicht zu verhindern.

Friedrich Paulsen

Der Freund steht in einem anderen Punkte der Welt, und daher kehren ihm alle Dinge eine andere Seite zu; er sieht Menschen und Verhältnisse, persönliche und allgemeine Angelegenheiten anders, als ich sie sehe. Aber die innerste, auf der Gleichartigkeit des Willens ruhende Verwandtschaft der Natur läßt zwischen uns ein vollkommenes Verständnis zu; er sieht die Dinge, wie ich sie sehen würde, wenn ich seine Augen hätte und von seinem Standpunkt aus sie sähe. Und so lebe ich durch die Teilnahme an dem innersten Leben des Freundes gleichsam zwei Leben, mein eigenes und das meines anderen Ich: Einen Freund haben, heißt um ein Leben reicher sein.

Gotthold Ephraim Lessing

Abschied eines Freundes

Schon hast du, Freund, der letzten letzte Küsse
Auf nasse Wangen uns gedrückt;
Schon schon, beim Zaudern unentschloßner Füße,
Den schnellen Geist vorweg geschickt.

Für uns dahin! Doch nein, dem Arm entführet,
Wirst du dem Herzen nicht entführt.
Dies Herz, o Freund, einmal von dir gerühret,
Bleibt ewig, trau! von dir gerührt.

Erwarte nicht ein täuschend Wortgepränge,
Für unsre Freundschaft viel zu klein.
Empfindung haßt der Reime kalte Menge,
Und wünscht unausposaunt zu sein.

Ein feuchter Blick sind ihre Zaubertöne;
Ein schlagend Herz ihr rührend Lied.
Sie schweigt beredt, sie stockt, sie stammelt schöne,
Ums stärkre Wort umsonst bemüht.

Es winken dir beneidenswerte Fluren,
Nur unsers Neides minder wert.
Zieh hin! Und find auch da der Vorsicht goldne Spuren,
Um dich besorgt, von dir verehrt.

Dort herrscht die Ruh, dort ist der Lärm vergangen,
Der hier noch Musen stören darf,
Seit Pallas gern, auf Friederichs Verlangen,
Die spitze Lanze von sich warf.

Henry David Thoreau

Die Zeit soll unsere Freundschaft pflegen

So sicher wie der Sonnenuntergang des verflossenen November mich in die überirdische Welt versetzt und mich an den hellen Morgen der Jugendzeit erinnert hat, so sicher wie der letzte Ton der Musik, der mein schwächer werdendes Ohr trifft, auch das Alter mich vergessen lässt, so sicher soll, während die mannigfaltigen Einflüsse der Natur im Laufe unseres natürlichen Lebens enden, mein Freund für immer mein Freund sein und einen Strahl Gottes in mir widerspiegeln; und die Zeit soll unsere Freundschaft pflegen, schmücken und weihen wie Ruinen von Tempeln.

Wie ich die Natur liebe, die Singvögel, das weite Stoppelfeld und fließende Bäche, Morgen und Abend, Sommer und Winter, so liebe ich dich, mein Freund.

Aber alles, was über die Freundschaft gesagt werden kann, ist wie die Lehren der Botanik im Vergleich zu den lebenden Blumen. Wie kann der Verstand ihre Schönheit erklären!

Martin Luther

Die Glocken klingen viel anders, denn sonst, wenn einem ein Freund stirbet, der ihm lieb ist.

Friedrich Nietzsche

Unter Freunden

Ein Nachspiel

Schön ist's, mit einander schweigen,
Schöner, mit einander lachen, –
Unter seidenem Himmels-Tuche
Hingelehnt zu Moos und Buche
Lieblich laut mit Freunden lachen
Und sich weisse Zähne zeigen.

Macht' ich's gut, so woll'n wir schweigen;
Macht' ich's schlimm –, so woll'n wir lachen
Und es immer schlimmer machen,
Schlimmer machen, schlimmer lachen,
Bis wir in die Grube steigen.

Freunde! Ja! So soll's geschehn? –
Amen! Und auf Wiedersehn!

Quellennachweis

Eine ARABISCHE PARABEL – S. 103: Zwei Freunde wanderten … In: Bernardo Stamateas, Toxische Gefühle, übers. v. Bettina Lemke, © dtv, München 2015, S. 86

ARISTOTELES (ca. 384-322 v. Chr.), Philosoph – S. 14: Freundschaft. In: Aristoteles, Nikomachische Ethik, übers. v. Eugen Rolfes, Leipzig 1921

Achim von ARNIM (1781-1831), Dichter – S. 80: Freundschaft. In: A. von Arnims Werke, hg. v. R. Steig, Bd. 3, Leipzig 1911

ÄSOP (angebl. 6. Jh. v. Chr.), sagenhafter Vater der Fabel – S. 71: Die Wanderer und der Bär. In: Fabeln des Äsop, ausgew., übers. u. Nachw. v. Niklas Holzberg, © C.H. Beck/dtv, München 2008, S. 34

Hans ASSMANN VON ABSCHATZ (1646-1699), Schriftsteller – S. 70: Das Glücke wendet sich … In: A. Aßmann von Abschatz, Poetische Uebersetzungen und Gedichte, Leipzig 1704

Hans BENDER (1919-2015), Schriftsteller, Herausgeber – S. 122: Unterwegs mit jungen Freunden. In: H. Bender, Verweilen, gehen. Gedichte in vier Zeilen, © Rimbaud Verlag, Aachen 2003, S. 29; Geburtstag. In: H. Bender, Gedichte und Prosa. Jahresgabe d. Literarischen Gesellschaft Karlsruhe, Karlsruhe 1990, S. 104, © Hans Georg Schwark

Peter BICHSEL (geb. 1935), Schriftsteller – S. 60: Mit freundlichen Grüßen. In: P. Bichsel, Mit freundlichen Grüßen, © Insel Verlag, Berlin 2014, S. 186; S. 150: Alexander … In: P. Bichsel, Das ist schnell gesagt, hg. v. Beat Matzenauer u. Severin Perrig, © Suhrkamp Verlag, Berlin 2011, S. 111 f.

Friedrich von BODENSTEDT (1819-1892), Schriftsteller – S. 147: Wenn Jemand … In: F. Bodenstedts gesammelte Schriften. Gesammt-Ausgabe in 12 Bänden, Bd. 9, Berlin 1865 ff., S. 49

Clemens von BRENTANO (1778-1842), Schriftsteller, Dichter - S. 122: Die Freundschaft ..., Auszug aus einem Brief an seine Schwester Bettina. In: Bettina von Arnim, Clemens Brentanos Frühlingskranz aus Jugendbriefen ihm geflochten, Berlin 1844

Georg BÜCHNER (1813-1837), Mediziner, Schriftsteller - S. 52: Die Fähigkeit zur Freundschaft. In: Wo aber Gefahr ist, wächst das Rettende auch, hg. v. Gudrun u. Peter Mugay, Düsseldorf, Zürich 2001, S. 21

Wilhelm BUSCH (1832-1908), Karikaturist, Lyriker - S. 74: Die Freunde; S. 110: Leider; S. 126: Zwei Stammbuchverse. In: W. Busch, Gedichte, hg. v. Friedrich Bohne, Zürich 1974, S. 186, S. 244, S. 60 f.

Iso CAMARTIN (geb. 1944), Schriftsteller - S. 8: Ein Freund ist ein Freund ist ein Freund ... In: Im Garten der Freundschaft. Eine Spurensuche, © Verlag C. H. Beck, München 2011, S. 28-32

Adelbert von CHAMISSO (1781-1838), Naturforscher, Schriftsteller - S. 82: Das Lied von der Freundschaft. In: A. v. Chamisso, Gedichte, Leipzig 1905

Marcus Tullius CICERO (106-43 v. Chr.), Philosoph - S. 25: Laelius oder von der Freundschaft. In: Cicero, Laelius, übers. v. R. Kühner, Stuttgart 1864

Matthias CLAUDIUS (1740-1815), Schriftsteller - S. 67: Von der Freundschaft. In: M. Claudius, Ein jeder hat so seine Weise, Gütersloh 1960, S. 52-54

Jean COCTEAU (1889-1963), Schriftsteller, Maler, Regisseur - S. 84: Liebe beruht auf Spasmen. In: J. Cocteau, Die Schwierigkeit zu sein, Wien u.a. 1958

Richard DEHMEL (1863-1920), Schriftsteller - S. 129: Nur ein Hund. In: R. Dehmel, Erlösungen, Berlin 1920

Joseph von EICHENDORFF (1788-1857), Schriftsteller, Dichter - S. 149: An L... In: J. v. Eichendorff, Werke, Bd. 1, München 1970 ff., S. 134

EPIKUR (342/41-271/70 v. Chr.), Philosoph - S. 144: Über die Freundschaft. In: Epikur, Philosophie des Glücks, hg., übers., ausgew. u. Nachw. v. Bernhard Zimmermann, © C.H. Beck/dtv, München 2006, S. 63 f.

Walter Helmut FRITZ (1929-2010), Schriftsteller - S. 128: Der indianische Freund sagt. In: W. H. Fritz, Gesamtwerk, Bd. 1, © 2009 by Hoffmann und Campe Verlag, Hamburg

Christian Fürchtegott GELLERT (1715-1769), Philosoph, Schriftsteller - S. 104: Die Freundschaft. In: C. F. Gellerts Sämmtliche Werke, Leipzig 1784

Robert GERNHARDT (1937-2006), Schriftsteller, Zeichner, Maler - S. 141: Zur Beherzigung. In: R. Gernhardt, Gesammelte Gedichte 1954-2006, © S. Fischer Verlag GmbH, Frankfurt a. M. 2008, S. 92

Khalil GIBRAN (1883-1931), Schriftsteller, Philosoph, Künstler - S. 42: Von der Freundschaft. In: K. Gibran, Der Prophet, übers. v. Ditte u. Giovanni Bandini, © dtv, München 2003, S. 59 f.

Johann Wolfgang von GOETHE (1749-1832), Dichter - S. 109: Mit fremden Menschen ..., Antonio in Torquato Tasso, 3. Aufzug, 4. Auftritt. In: J. W. Goethe, Werke, München 1982, Bd. 5, S. 127

Franz GRILLPARZER (1791-1872), Schriftsteller - S. 64: In ein Stammbuch. In: Gedichte für Freunde, hg. v. Gudrun Bull, München 2012, S. 17

Matt HAIG (geb. 1975), Schriftsteller - S. 72: Freund. In: M. Haig, Die Menschen von A bis Z. Ein Ratgeber, übers. v. Sophie Zeitz, © dtv, München 2015, S. 48

Jakob HARINGER (1898-1948), Schriftsteller - S. 139: Von der Einsamkeit und den Büchern. In: Zeitschrift für Bücherfreunde, 36. Jahrgang, Heft 8, August 1932, vor S. 167. © Else-Lasker-Schüler-Gesellschaft Wuppertal. Zentrum der verfolgten Künste.

Heinrich HEINE (1797-1856), Journalist, Dichter - S. 89: Schaff mich nicht ab. In: Gedichte für Freunde, hg. v. Gudrun Bull, dtv, München 2012, S. 138; S. 130: An Edomi. In: Freunde sind Sterne in der Nacht, hg. v. Angelika Büchelin, Eschbach 2006, S. 22

Ágnes HELLER (geb. 1929), Philosophin - S. 70: Gleichheit. In: Á. Heller, Aufklärung gegen Fundamentalismus: Der Fall Lessing, Rede anl. der Verleihung des Lessing-Preises der Freien und Hansestadt Hamburg 1981, Lessing Yearbook XIX, 1987/88, S. 40 f.

Johann Gottfried HERDER (1744-1803), Theologe, Philosoph - S. 146: Einzeln ist der Mensch. In: Herder, Werke, München o. J.

Sören KIERKEGAARD (1813-1855), Theologe, Philosoph - S. 38: Die Einheit der Lebensanschauung. In: S. Kierkegaard, Entweder - Oder. Hg. v. Hermann Diem u. Walter Rest, übers. v. Heinrich Fauteck, dtv, München 2005, S. 898-901

Adolph Freiherr von KNIGGE (1752-1796), Schriftsteller - S. 92: Über den Umgang unter Freunden. In: A. Freiherr von Knigge, Über den Umgang mit Menschen (1788), Frankfurt a.M. 1977

KONFUZIUS (Kong Qiū, ca. 551-479 v. Chr.), Philosoph - S. 102: Dsï Gung fragte ... In: Kungfutse, Lun Yu. Gespräche, übers. v. Richard Wilhelm, Düsseldorf, Köln 1975, S. 128

Gotthold Ephraim LESSING (1729-1781), Dichter - S. 152: Abschied eines Freundes. In: G. E. Lessing, Sämtliche Gedichte, Stuttgart 1987

Friedrich von LOGAU (1605-1655), Dichter - S. 66: Kennzeichen eines rechten Freundes; S. 73: Geschminkte Freundschaft. In: F. v. Logau, Sämmtliche Sinngedichte, Stuttgart 1872

Henry MILLER (1891-1980), Schriftsteller – S.131: Mein bester Freund. In: H. Miller, Mein Fahrrad und andere Freunde, übers. v. Hermann Stiehl, © Rowohlt Verlag, Reinbek 1982/1994, S. 115-121

Michel de MONTAIGNE (1533-1592), Gelehrter – S. 34: Freunde und Freundschaft. In: M.de Montaigne, Von der Kunst, das Leben zu lieben, übers. v. Hans Stilett, © Eichborn Verlag, Frankfurt a.M. 2005, S.83-86

Friedrich NIETZSCHE (1844-1900), Philosoph – S. 155: Unter Freunden. In: F. Nietzsche, Menschliches, Allzumenschliches I u. II, hg. v. Giorgio Colli u. Mazzino Montinari, München 1988, S. 365 f.

NOVALIS (d.i. Friedrich von Hardenberg, 1772-1801), Philosoph, Schriftsteller – S.148: Zart ist der Faden der Freundschaft … In: Karl-Heinz Raach, Paare, Dortmund 1991, S. 31

Ursula OTT (geb. 1963), Journalistin, Chefredakteurin – S. 111: Keine beste Freundin. In: Freunde. Freundinnen. Freundschaft. Ein Lesebuch, hg. v. Arnd Brummer, © edition chrismon in Hansisches Druck- und Verlagshaus GmbH, Frankfurt a.M. 2015, S. 87-91

Friedrich PAULSEN (1846-1908), Pädagoge – S. 151: Der Freund steht … In: F. Paulsen, System der Ethik mit einem Umriß der Staats- und Gesellschaftslehre, Bd. 1, Berlin 5. Aufl. 1900, S. 309 f.

PLUTARCH (ca. 45-125), Philosoph, Schriftsteller – S. 146: Ich brauche keinen Freund … In: Plutarchs moralische Abhandlungen, übers. v. Johann Friedrich Salomon Kaltwasser, Bd. I, Frankfurt a.M. 1783, S. 171

Joachim RINGELNATZ (d.i. Hans Bötticher, 1883-1934), Schriftsteller – S. 41: Freundschaft; S. 125: Ein Herz laviert nicht. In: Gesammelte Gedichte, Berlin 1959

Friedrich RÜCKERT (1788-1866), Schriftsteller – S. 73: Dein wahrer Freund ... In: F. Rückert, Die Weisheit des Brahmanen, Bd. 2, Leipzig 1837, S. 122

Antoine de SAINT-EXUPÉRY (1900-1944), Schriftsteller – S. 54: Der Fuchs. In: A. de Saint-Exupéry, Der Kleine Prinz, übers. v. Hans Magnus Enzensberger, © dtv, München 2015, S. 89

Rafik SCHAMI (geb. 1946), Schriftsteller – S. 116: Eine deutsche Leidenschaft namens Nudelsalat. In: R. Schami, Eine deutsche Leidenschaft namens Nudelsalat und andere seltsame Geschichten, © dtv, München 2013, S. 31-36

Friedrich SCHILLER (1759-1805), Dichter – S. 53: Jetzt gib mir einen Menschen …; S. 78: Heute vor fünftausend Jahren … In: F. Schiller, Kleine Philosophie der Freundschaft, hg. v. Rolf-Bernhard Essig, Berlin 2009, S. 33, 99

Friedrich SCHLEGEL (1772-1829), Philosoph – S. 82: Freundschaft ist partiale Ehe ... In: Kritische F. Schlegel-Ausgabe, hg. v. Ernst Behler u.a., Paderborn u.a., 1958 ff., Athenäumsfragment Nr. 125

Ina SCHMIDT (geb. 1973), praktische Philosophin - S. 44: Keine Frage des »Wie viel«. In: I. Schmidt, Auf die Freundschaft. Eine philosophische Begegnung oder Was Menschen zu Freunden macht, © Ludwig Verlag in der Verlagsgruppe Random House GmbH, München 2014, S. 139-144

Arthur SCHOPENHAUER (1788-1860), Philosoph - S. 72: Lebensregel Nr. 47. In: A. Schopenhauer, Die Kunst glücklich zu sein. Dargestellt in fünfzig Lebensregeln, hg. v. Franco Volpi, München 2010, S. 91; S. 102: Freunde in der Not ...; S. 148: Wahre, echte Freundschaft ... In: A. Schopenhauer, Parerga und Paralipomena, Sämtliche Werke, Bd. 4, Stuttgart 1987, S. 443, S. 547 f.

Christian Friedrich Daniel SCHUBART (1739-1791), Schriftsteller, Komponist, Journalist - S. 30: Freundschaft. In: Gedichte für Freunde, hg. v. Gudrun Bull, München 2012, S. 19

Georg SIMMEL (1858-1918), Soziologe - S. 33: Freundschaft des modernen Menschen. In: G. Simmel, Soziologie, Berlin 1968, S. 269

Dorothee SÖLLE (1929-2003), Theologin - S. 115: Für die jungen Genossen. In: D. Sölle, Spiel doch von brot und rosen. Gedichte 1981, © Wolfgang Fietkau Verlag, Kleinmachnow, S. 89

Andreas Urs SOMMER (geb. 1972), Philosoph - S. 24: Freundschaft. In: A.U. Sommer, Die Kunst, selber zu denken, © Eichborn Verlag, Frankfurt a. M. 2002, S. 81

Hannes STEIN (geb. 1965), Schriftsteller - S. 123: Freunde. In: H. Stein, Enzyklopädie der Alltagsqualen. Ein Trostbuch für den geplagten Zeitgenossen, © Eichborn Verlag, Frankfurt a. M. 2006, S. 83

Eva STRITTMATTER (1930-2011), Lyrikerin - S. 109: Freundschaft. In: E. Strittmatter, Sämtliche Gedichte. Erweiterte Neuausgabe, © Aufbau Verlag GmbH & Co. KG, Berlin 1975, 2015 (Das Gedicht erschien erstmals 1975 in E. S., Mondschnee liegt auf den Wiesen. Gedichte, im Aufbau Verlag; Aufbau ist eine Marke der Aufbau Verlag GmbH & Co.KG)

Henry David THOREAU (1817-1862), Schriftsteller - S. 153: Die Zeit soll unsere Freundschaft pflegen. In: H. D. Thoreau, Über die Freundschaft, Aschaffenburg 1946

Kurt TUCHOLSKY (1890-1935), Journalist, Schriftsteller - S. 84: Frauen von Freunden. In: K. Tucholsky, Gedichte in einem Band, hg. v. Ute Maack u. Andrea Springer, Frankfurt a. M., Leipzig 2006, S. 568 f.

Keto von WABERER (geb. 1942), Schriftstellerin - S. 86: Freunde. In: K. v. Waberer, Böse Menschen, © dtv, München 1993, S. 7-9